선생님의
하루 대화법

매일 따듯하고
지혜롭게 아이들과
관계 맺고 싶은
교사를 위한 안내서

이수진 지음

선생님의
하루
대화법

카시오페아
Cassiopeia

아이를 살리는 교사의 힘

교사는 매년 새로운 아이들을 만납니다. 서로 다른 아이들이 누구도 소외시키지 않고 함께 어울리며 자신의 향기와 빛깔을 피워 내도록 이끄는 것은 분명 어려운 일입니다. 하지만 교사와 아이들 간의 단단한 신뢰관계가 만들어졌을 때 교사만이 가질 수 있는 힘이 분명 있습니다. 마음의 상처가 있는 아이에게 따뜻한 위로와 공감의 손을 내밀도록 돕는 힘, 두려움에 가로막혀 성장의 걸음을 내딛기 어려워하는 친구에게 용기를 보태는 힘, 외롭고 쓸쓸한 아이에게 따뜻한 손을 내미는, '아이를 살리는 힘' 말이지요. 아이들의 마음이 움직일 때 비로소 관계의 변화를 이끌 수 있습니다. 이 관계의 변화는 곧 성장으로 연결됩니다. 다수를 움직여 아이를 살리는 것, 그것이 바로 교사가 가진 힘입니다.

새 학기, 아이들에게는 교사도, 친구들도 낯설기만 합니다. 처음부터 교사를 신뢰하고 친구들을 믿고 사랑하기란 어렵습니다. 저마다 가진 불안감과 두려움이 다르기 때문입니다. 모두가 새로운 환경에 대한 불안감, 낯선 친구에 대한 두려움 등 각자의 어려움을 안고 새 교실에 들어섭니다. 아이들이 두려움과 불안감이라는 어둡고 단단한 흙을 뚫고 나오도록 도와줄 사람이 바로 교사입니다. 아이가 본성을 회복하고 다른 친구와 어울릴 방법을 가르쳐 줄 사람도 교사입니다.

이 책은 교사가 어떻게 하면 다수의 아이를 이끌고 또래관계의 회복을 도울 수 있을지 그 방법을 담고 있습니다. 그 첫걸음은 교사에 대한 믿음과 신뢰를 쌓는 것입니다. 즉, 교육 이전에 신뢰 관계를 맺는 것이 먼저입니다.

아이들을 세심하게 관찰하고 파악하는 방법, 아이의 불안감을 낮추고 신뢰 관계를 쌓는 방법 등을 소개합니다. 교사와 아이 간에 건강하고 행복한 관계를 구축하기 위한 구체적인 실천 방법도 담았습니다. 부디 이 책이 우리 아이들이 바르고 따뜻한 사람으로 성장하기를 바라는 모든 분께 도움이 되길 바랍니다.

끝으로 이 책이 세상에 나올 수 있도록 도와주신 모든 분께 감사드립니다. 카시오페아 대표님, 담당 편집자님, 그리고 따뜻한 지지를 보내 준 박민진 님과 직업놀이 연구회 선생님들께 깊이 감사합니다. 마지막으로 곁에서 응원해 준 사랑하는 단지와 가족에게 고마운 마음을 전합니다.

단 한 명의 아이도 소외되지 않는

따뜻한 교실을 꿈꾸는 교사

이수진

차례

행복한 1년을 만드는 3월의 말

 ## 따뜻하고도 단단한 가르침의 말

다정하고 지혜로운 성향별 아이와의 대화

서로를 보듬는 또래관계의 말

슬기로운 수업의 대화

 쑥쑥 성장하는 칭찬의 말

부록 상담의 말

아이의 용기를 키워 줄 때 │ 거친 말 하는 아이를 중재할 때
│ 따돌림에 갇힌 아이를 품어 줄 때

아이의 용기를 키워 줄 때

새 학년이 시작되는 날, 교실 앞에서 아이들에게 인사를 건넸습니다.

"안녕하세요. 2학년 4반이 된 것을 환영합니다."
"안녕하세요, 선생님!"

씩씩하게 교실로 들어서는 아이들 틈에서 책가방 끈을 꼭 쥐고 두리번거리는 아이가 눈에 띄었습니다. 이름을 물으면 더 긴장하고 당황할까 봐 실내화 가방을 슬쩍 살펴보니 '김윤서'라는 이름이 적혀 있었습니다.

"윤서야 반가워요! 윤서는 13번이니까 두 번째 칸에 실내화를 넣어 볼까요?"

윤서는 그제야 조심스럽게 신발장 문을 열고 실내화를 넣었습니다. 새 학년, 새 교실, 새 친구들, 새 선생님이 무척 낯선 듯했습니다.

선생님의 하루 대화법

어느 날 출근길에 엄마와 등교하는 윤서를 보았습니다. 엄마 손을 꼭 잡고 걷던 윤서는 교문 앞에 서자 큰 한숨을 내쉬었습니다. 아이는 한 걸음을 뗄 때마다 뒤돌아 엄마가 있는지 확인하며 손을 흔들어 보였고, 어머니는 아이를 향해 웃으며 손을 흔들어 주고 계셨습니다. 그 얼굴에는 걱정과 근심이 가득했습니다. 두렵지만 학교를 향해 발걸음을 내딛는 윤서의 모습에는 용기가 담겨 있는 것 같았습니다. 윤서가 학교를 두려워하지 않고 즐겁게 다닐 수 있도록 도움이 필요해 보였습니다.

우선 반 아이들과 학교 둘러보기 활동을 하며 학교 곳곳을 함께 걸었습니다. 또 독서록 사용법부터 사물함과 책상 주변을 정리하는 방법, 신발장 사용법까지 익히 알고 있는 것들을 다시 한번 짚어 주며 학교생활에 익숙해지도록 했습니다. 아침마다 윤서의 이름을 반갑게 부르며 먼저 인사를 건넸고, 아이의 변화를 포착해 말을 건네기도 했습니다. "윤서야, 오늘 헤어스타일이 바뀌었네요!", "읽는 책이 바뀌었네요!"와 같이 말이죠. 쉬는 시간에 책만 읽는 윤서가 친구를 사귈 수 있도록 윤서와 성격이 잘 맞을 것 같은 서호를 근처 자리에 배치해 주기도 했습니다.

저와 윤서 사이에 라포(rapport, 신뢰와 친근감으로 이루어진 인간관계)가 조금씩 쌓이고, 윤서가 학교에 적응하기 시작할 때쯤 윤서와 서호가 친해질 기회를 만들어 주기로 했습니다.

"윤서야, 서호야, 저기 화분이 두 개 있잖아요. 화분에 물을 좀 줄 수 있을까요? 식물이 목마른 것 같아서 말이에요."

두 아이는 도란도란 이야기를 나누며 함께 수돗가에 다녀왔습니다. 웃으며 대화하는 모습에 얼마나 안심되던지요. 그러던 어느 날, 윤서가 교실에서 하는 클래스 활동에 참여하고 싶다고 이야기했습니다. 교사와의 신뢰관계가 만들어지고 불안감이 사라지자 친구가 보이기 시작한 것이죠.

"선생님, 저 풍선으로 강아지 만드는 거 친구들에게 가르쳐 주고 싶어요."
"정말 멋진 생각이네요! 그런데 처음이니까 한 명의 친구와 함께하는 것부터 시작해 볼까요?"

처음에는 윤서가 비슷한 성향의 아이와 함께할 수 있도록 도와주었습니다. 둘이 이야기를 나누며 풍선 만들기를 하는 모습이 어쩌나 기특하게 보였는지 몰라요. 편안하게 어울릴 수 있는 친구를 만든 윤서는 조금씩 용기를 내더니 "선생님! 저 이제 친구 2명이랑 같이 하고 싶어요. 서호랑 민지가 풍선으로 강아지 만들기 하고 싶대요!", "이제 3명이랑 하고 싶어요!", "오늘은 4명도 같이할 수 있을 것 같아요!" 하고 당당하고 씩씩하게 자기 생각을 말하기 시작했습니다.

윤서와 함께 풍선 클래스를 한 친구들은 클래스가 끝나면 "윤서 선생님, 고맙습니다.", "윤서야 네 덕분에 강아지도 만들어 보고 정말 재미있었어. 다음에 또 같이하고 싶어!", "윤서 정말 대단하다! 풍선으로 칼을 만들다니. 신기해!" 하고 이야기했습니다. 친구들의 다정한 칭찬과 격려에 윤서의 얼굴에는 웃음꽃이 가득 피어났습니다. 학기 초의 불안한 눈빛은 사라진 지 오래였죠. 그렇게 윤서는 선생님과의 유대감을 바탕으로 다양한 친구들과 어울릴 수 있는, 자신감 가득한 아이가 되었습니다.

1년 후 3학년이 된 윤서에게 반가운 소식을 전해 들었습니다. 학급 부회장이 되었다는 소식이었습니다. 불안과 두려움으로 움츠러들어 있었던 윤서가 성장한 모습을 보니 기뻤습니다. 아이들에게는 스스로 성장하는 힘이 있다는 것을 다시금 깨닫는 시간이었죠.

불안감이 높은 아이에게 보호막을 만들어 주면 당장 아이가 겪을 어려움을 막아 줄 수 있을지는 몰라도 자신의 힘으로 역경을 헤쳐 나가는 용기와 성장하는 경험은 줄 수 없습니다. 아이에게 꼭 필요한 건 실패를 마주했을 때 넘어지더라도 다시 일어서는 경험입니다. 아이가 단단한 사람으로 성장할 수 있도록 이끄는 가장 큰 동기는 또래의 따뜻한 인정과 격려입니다. 어른 1명이 보내는 20번의 격려보다 또래 20명이 한 번씩 보내는 다정한 격려가 더 효과적입니다. 서로에게 응원과 격려를 보내는 환경을 만들어 주는 것이야말로 아이들에게 해 줄 수 있는 가장 큰 선물일 것입니다.

거친 말 하는 아이를 중재할 때

새 학년 학생 명단에서 '정민규'라는 이름을 보자마자 여러 아이와 갈등을 겪고 거친 말과 행동을 보였다는 이야기가 떠올랐습니다. 그런 민규를 맞이하는 새 학년 첫날, 다소 긴장되고 날 선 표정으로 교실 문을 들어서는 민규를 따뜻한 눈빛으로 반갑게 맞이하려고 "환영합니다."라고 인사를 건넸습니다. 하지

선생님의 하루 대화법

만 민규는 대답 대신 눈을 피하며 자리에 앉을 뿐이었습니다.

그 후 매일 아침 민규에게 먼저 반갑게 인사를 건네며 천천히 관계를 쌓아 갔습니다. 그리고 민규가 교실 안에서 자신의 존재감을 느낄 수 있도록 민규가 좋아하는 스포츠 활동과 관련된 일을 부탁하며 "민규야, 선생님을 도와줘서 고마워!"라는 이야기를 자주 건넸습니다. 민규가 먼저 교사에게 다가오지는 않았지만, 먼저 민규에게 다가가 일상적인 대화를 나누며 무엇을 좋아하고 무엇을 불편해하는지 하나씩 알아 가려고 노력했습니다. 그렇게 라포를 쌓기 위해서 부단히 노력했고, 점차 선생님을 바라보는 민규의 눈빛도 달라졌습니다.

어느 날부터는 민규가 "안녕하세요. 선생님!"이라고 인사하며 교실에 들어서기 시작했습니다. 수업 시간에는 선생님의 말에 귀 기울이고 눈을 맞추기 시작했고, 친구와 갈등이 생겨 거친 말이 나오려고 할 때는 선생님의 눈을 보며 감정을 추스리려고 했습니다. 그 모습에서 아이의 노력을 느낄 수 있었죠. 하지만 아직도 친구들과의 관계는 어려운 상태였습니다.

그러던 어느 국어 시간, 교실의 적막을 깨뜨리는 외침이 울렸습니다.

"뭘 쳐다봐!"

민규가 공책 정리를 하다가 고개를 들었는데 평소 친구들에게 지적과 참견을 자주 하는 현호가 자신을 계속 쳐다보고 있는 모습이 마치 감시하는 것처럼 느껴져 기분이 나빴던 모양입니다. 발갛게 상기된 얼굴로 씩씩거리던 민규는 교사와 눈이 마주치자 불안함에 눈빛이 흔들렸습니다.

"민규야, 속상한 일이 있었군요. 무슨 일이 있었는지 말해줄래요?"
"쟤가 저를 감시하잖아요!"
"난 그냥 창문 본 건데? 너 본 거 아니거든?!"

작년에도 같은 반이었던 탓에 현호는 민규에 대해 잘 아는 것 같았습니다. 민규는 "네가 계속 나를 쳐다보고 감시했잖아!"라며 다시 한번 소리를 질렀어요. 새 학년이 돼서 민규를 처음 본 아이들은 겁에 질린 눈빛이었고, 예전부터 민규를 알던 아이들은 '쟤 또 저러네. 그럼 그렇지!'라는 시선으로 두 아이의 싸움을 구경했습니다.

선생님의 하루 대화법

"민규야, 민규도 모르게 이상한 말이 튀어나와서 많이 놀랐죠? 나가서 잠시 물이라도 마시고 올까요?"

민규는 물을 마시고 돌아와 눈치를 살피며 자리에 앉았습니다. 친구들의 표정을 살피는 민규의 얼굴에서 자신이 이상한 사람으로 보이거나 친구들이 실망할까 걱정하는 마음이 보였습니다. 저는 아이들이 공감할 수 있는 질문을 던졌습니다.

"얘들아, 갑자기 이상한 말이 툭 나올 때가 있지 않나요? 선생님도 운전하는데 누가 갑자기 끼어들면 그렇거든요. 오늘 민규도 그랬나 봐요. 여러분도 그럴 때가 있지요?"

그러자 한 아이가 "맞아요. 우리 아빠도 운전하다가 갑자기 심한 말을 할 때가 있어요!"라고 이야기를 꺼냈습니다. 교실은 순식간에 "우리 형도 게임하다가 화낼 때가 있어요!", "저도 그런 적 있어요!" 하며 시끌벅적해졌습니다.

반 친구들이 경험담을 쏟아 내는 동안 민규는 친구들의 이야기를 귀담아들으며 집중하는 표정이었습니다. 예전에는 이런 행동을 했을 때 교사에게 혼나고 친구들에게 비웃음을 사는 경험을 자주 했을 것입니다. 하지만 이번에는 친구들이 '그럴 수 있지!'라며 따뜻하게 보듬어 주었습니다.

쉬는 시간에 '민규는 무얼 하고 있나?' 하는 마음으로 교실을 둘러보니 현호와 웃으며 이야기를 나누고 있었습니다. 두 아이에게 다가가니 민규가 "선생님, 저희 화해했어요. 제가 먼저 미안하다고 사과했어요."라고 말했습니다. 이에 질세라 현호도 "선생님, 저도 미안하다고 사과했어요."라고 했습니다. 두 아이의 사이 좋은 모습을 보니 정말 다행이라는 생각이 들어 가슴을 쓸어내렸습니다.

교사와 아이들 사이에 신뢰가 쌓이지 않으면 이런 상황에서의 반응은 전혀 다를 수 있습니다. '나쁜 말을 한 건 잘못이니 혼나는 게 맞는데 어쩐지 공평하지 않네?'라는 생각에 교사의 질문에 반응하지 않아 교실 분위기가 냉랭해질 수도 있습니다. 하지만 아이들이 진정으로 원하는 것은 공평한 대우가 아니라 '나도 선생님에게 사랑받고 있다.'라는 느낌, 즉 내적인 만족감입니다. 모든 아이가 자신이 충분히 사랑받고 있다고 느끼면 선생님이 실수한 친구를 품어 주려는 마음을 이해하고, 시샘이나 질투 없이 선생님과 같은 방향을 바라보게 됩니다. 그래서 교사가 "여러분도 비슷한 경험이 있나요?"라고 질문했을 때 너도나도

선생님의 하루 대화법

자연스럽게 자신의 경험을 나누고 친구를 품어 줄 수 있습니다. 이처럼 교사와 반 아이들 모두와 신뢰 관계가 형성된 후에야 비로소 또래 간의 공감을 이끌어 낼 수 있기에 교사와 아이 간의 긍정적인 관계 맺기는 정말 중요합니다.

반 아이들에 대한 믿음을 바탕으로 함께 어울려 지내던 민규는 종업식 날 친구들에게 정성껏 쓴 작은 카드를 건넸습니다. 그리곤 큰소리로 외쳤죠.

"4학년 2반 포에버!"

친구들을 향한 이 외침은 '선생님 사랑해요!'보다도 값졌습니다. 2년 후, 졸업식이 있던 날 민규는 제 교실로 찾아왔습니다. 부드럽고 밝은 미소를 머금고 다정하게 인사한 민규는 제게 편지와 꽃다발을 건넸습니다. 아이의 편지에는 "학교생활이 힘들 때 도와주시고 믿어 주셔서 감사합니다. 바른 어른으로 성장해서 꼭 다시 찾아뵙겠습니다."라고 적혀 있었습니다.

따돌림에 갇힌 아이를 품어 줄 때

6학년 담임을 맡았던 해, 우리 학급에는 지수가 있었습니다. 지수는 등교 첫날부터 책상에 엎드려 있었죠. 지난 몇 년 동안 지수는 따돌림으로 상처가 깊어 마음이 굳게 닫힌 상태였습니다. 그런 아이의 마음을 열고 친구관계를 회복하도록 돕는건 쉬운 일이 아니었습니다. 먼저 지수가 외롭지 않도록 하는 것이 급선무였지요. 누구도 먼저 말을 건네지 않는 상황에서 지수는 말로 설명할 수 없을 정도로 외로울 테니까요. 그렇다고 "애들아, 지수랑 같이 놀아 줄래요?"라고 할 수도 없었습니다. 그런 말은 오히려 지수에 대한 미움을 더 키울 수 있기 때문이죠. 그래서 저는 먼저 지수에게 다가가 말을 건넸습니다.

"지수야, 고양이 열쇠고리가 정말 귀엽네요!"

제 말에 지수는 당황한 표정이었습니다. 아침맞이를 할 때는 "지수야, 반가워!" 하며 이름을 꼭 불러 주었고, 쉬는 시간에는 먼저 다가가 말을 건넸습니다. "우리 지수는 노란색을 좋아하나보다. 필통과 연필이 모두 노란색이구나! 선생님도 노란색 좋아하는데! 선생님과 비슷한 점이 많다."라고 대답하지 못해서 난감한 상황이 생기지 않도록 혼잣말처럼 말하며 관심을 표현했습니다.

그러던 어느 날, 평소처럼 지수 자리에 가서 "지수야, 못 보던 필통이네요? 새로 샀나 보아요." 하고 말을 건네는데 "새 거예요."라는 작지만 분명한 목소리가 들려 왔습니다. 기쁜 마음에 "어머나, 지수! 새로 산 필통이군요? 정말 예뻐요! 필통 안을 좀 구경해도 될까요?" 하고 물어보자 지수는 고개를 끄덕이며 필통을 건네주었습니다. 그러자 선생님과 함께 시간 보내기를 좋아하는 아이들 몇몇이 다가와 대화에 참여했습니다.

"나도 비슷한 필통 가지고 있는데!"

"효민이도 이런 필통을 가지고 있군요? 지수가 새로 산 필통이래요. 정말 예쁘죠? 필통 안에 뭐가 있는지 구경하는 중이에요."

"선생님, 저도 같이 구경할래요!"

필통을 구경하러 온 효민이와 예지를 보며 지수의 얼굴에 옅은 미소가 비쳤습니다. 친구들이 곁에 다가온 것만으로도 좋아하는 지수를 보니 너무나 안쓰러웠지만, 그래도 앞으로 아이들 관계에 변화의 씨앗이 싹틀 수 있겠다는 희망이 생겼습니다.

사실 효민이와 예지 역시 불안도가 높고 소심한 아이들이었습니다. 하지만 다행히 선생님과의 유대감으로 인해 심리적 안정감을 느끼고 선생님 곁에 있기를 좋아했죠. 물론 이 아이들이 갑자기 지수와 이야기를 나누고 싶어서 다가온 것은 아닙니다. 선생님과 함께 있고 싶어서 다가왔을 뿐이죠. 저도 그것을 알고 아이들이 자연스럽게 지수와 대화할 수 있도록 질문을 던져 준 것입니다. 그래도 이날은 오랜 따돌림으로 외로움을 겪어 온 지수에게 특별한 하루였을 것입니다.

다음날도 지수에게 말을 건네자 아이들이 지수 곁으로 다가왔습니다.

"선생님, 뭐하세요?"
"지수가 지난주에 가족들과 중국 음식을 만들어 먹었대서 이야기 나누고 있었어요."

그러자 한 아이가 지수에게 말을 건넸습니다.

선생님의 하루 대화법

"중국 음식? 우와, 어떤 음식이었는데?"

"중국 만두."

"중국 만두는 어떤 맛이야?"

6학년이 된 후 처음으로 반 아이와 대화를 나누게 된 지수의 목소리에는 떨림과 긴장감이 담겨 있었습니다. 그날을 기점으로 지수의 얼굴빛은 조금씩 밝아졌고, 서툰 한국말로 조금씩 친구들과 이야기를 나누기 시작했습니다. 그리고 쉬는 시간이면 지수 자리 근처에 모여서 이야기를 나누는 것이 점차 자연스러워졌습니다. 선생님이 늘 그 자리에 있기 때문이었죠.

어느 정도 시간이 흐른 후 지수의 얼굴은 점점 편안해졌고, 가끔은 웃기도 했습니다. 더 이상 제가 지수에게 말을 걸지 않아도 아이들은 지수 옆에서 이야기 나누는 것을 어색해하거나 이상하게 여기지 않았습니다.

그러던 어느 날, 다 함께 '아이엠 그라운드' 게임을 하려고 둥글게 모여 앉았습니다. 그런데 친구들과 함께 게임을 하며 놀아 본 적이 없는 지수는 혼자 물끄러미 그 모습을 바라보고만 있었습니다. 이때 지수를 부르는 아이들의 목소리가 들렸습니다. 지수가 작은 목소리로 "나는…… 몰라……."라며 고개를 젓

자 아이들이 벌떡 일어나 다가갔지요.

"같이 하자. 연습 게임부터 할 거니까 너무 걱정하지 마. 너 말고도 이 게임 잘 모르는 애들 더 있어."

두 아이가 손을 잡자 지수는 마지못해 자리에서 일어났습니다. 살짝 볼을 붉힌 지수의 얼굴에는 긴장감과 설렘이 담겨 있었습니다. 반 아이들이 모두 둘러앉아 "얘들아! 지수는 처음이니까 세 번은 봐주자!", "너무 지수만 공격하기 없기다!"라고 외쳤습니다. 그날 지수와 아이들의 웃음소리가 아직도 귓가에 선합니다.

누구나 자신이 좋아하는 사람이 관심 두는 것을 궁금해합니다. 아이들도 마찬가지입니다. 선생님과 아이들 사이에 신뢰 관계가 맺어지면 아이들은 선생님에 대해 궁금해하고 선생님이 하는 것은 무엇이든 함께하고 싶어 합니다. 아이들이 지수와 대화를 시작한 것은 선생님에 대한 호감과 믿음 때문입니다. 선생님의 눈빛과 시선이 향하는 곳에 함께 머무르고 싶은 마음이 생겼기 때문이지요. 이처럼 상처받아 움츠린 아이의 마음을 따뜻하게 안아 준 것은 바로 아이를 살리는 교사의 힘이었습니다.

새 학기를 준비할 때

　새 학년, 또래관계에는 보이지 않는 관계의 기울어짐이 존재합니다. 어떤 아이는 관계를 적극적으로 주도하고, 어떤 아이는 자기 생각을 말하지 못하며, 어떤 아이는 또래 활동에 참여하는 것조차 두려워하지요.

　학년 초에 형성된 관계의 기울어짐을 그대로 두면 그 상태로 1년이 흐릅니다. 주도하는 아이와 따르는 아이가 함께 어울려 놀 수 있도록 돕지 않고 교육 활동을 진행하면, 겉으로는 즐겁고 재미있어 보이지만 마음을 다치는 일이 생깁니다. 그런 일이 반복되면 결국 아이들의 관계가 깨져 서로를 미워하고 비난하지요.

　교사와 학생이 긍정적인 관계를 맺기 위해서는 단계적 접근이 필요합니다. 서로 이름을 알고 취향을 알아 가며 조금씩 신뢰를 쌓아 가는 등 단계별로 다가가는 것이지요. 그러므로 첫 단추부터 제대로 끼우는 것이 중요합니다. 3월 첫날, 학생들을 만나는 순간부터 차근차근 단계를 밟아 나가면 적어도 한두 달 후에는 모든 아이와 신뢰 관계를 맺을 수 있습니다.

　　　　　　　　　　　선생님의 하루 대화법

아이의 특성을 파악하는 데 가장 중요한 준비 단계는 바로 **관찰**입니다. '학생들을 관찰하세요.'라는 이야기는 많지만 '무엇을 어떻게 관찰하세요.'라는 구체적인 방법에 관한 이야기는 거의 없습니다. 흔히 관찰이라고 하면 아이의 문제 행동이나 겉모습을 보고 사실을 기록하는 것으로 생각하는 경우가 많습니다. 'A가 화를 내며 친구에게 필통을 던짐.', 'C가 B를 놀려 화난 B가 C를 때림.'과 같이 말입니다. 그러나 이것은 관찰이라기보다는 기록에 불과합니다. 교실이라는 특수한 환경에서는 객관적인 행동 기록보다 무엇을 어떻게 관찰해야 하는지 구체적으로 알 필요가 있습니다.

교사는 아이의 무엇을 어떻게 관찰해야 할까요? 이 질문에 대한 답을 얻기 위해서는 가장 먼저 아이들의 특성, 감정, 반응, 행동 등에 관심을 가져야 합니다. 아이들에게 관심을 갖고 관찰하기 위해서 교사는 움직여야 합니다. 컴퓨터 앞에 앉아서는 아이들의 표정 변화, 불안감의 신호 등을 면밀히 파악할 수 없으니까요.

아이의 특성 파악이 필요할 때

낯선 환경에서 새로운 친구들과 만나는 날은 모두가 긴장하기 마련입니다. 그런 아이들의 모습을 날것 그대로 관찰할 수 있는 것이 바로 쉬는 시간입니다. 이때 아이들을 유심히 살펴보면 각각 어떤 성향인지 즉각 파악할 수 있습니다.

아이들은 크게 적극적이고 활발한 아이들과 소극적이고 조용한 아이들로 구분됩니다. 첫날부터 이리저리 움직이며 처음 본 친구들에게 말을 걸고, 교사에게 다가와 자기 이야기를 하고, 수업 시간에도 활발하게 대답하는 아이들은 인정받고 관심받고 싶은 욕구가 강하고 적극성이 있다는 뜻이지요. 그래서 교사에게는 주도적이고 자신감 넘치는 아이, 선생님을 잘 따르면서도 또래 사이에서 리더 역할을 할 수 있는 아이라고 보입니다. 하지만 3월 첫날 아이들의 모습에는 불안감, 긴장감이 숨겨져 있기에 내면의 모습까지 정확히 알 수 없다는 사실을 꼭 명심해야 합니다. 첫날에 활발한 아이 중에는 불안한 나머지 관심을 받고자 과잉행동을 하는 경우도 있으니까요.

적극적인 아이 중에는 친구들과 두루두루 잘 어울리는 아이가 있고 친구들과 소소한 갈등을 겪는 아이도 있습니다. 후자의 경우 감정 조절이 어렵거나 공격성을 보이는 아이들이 포함되지요. 이 아이들의 공격성이나 감정 조절의 어려움 등은 교사가 없는 상황에서 조금씩 나타나서 다른 아이들이 "선생님, ○○가 ~해서 불편하고 속상해요."라고 이야기할 때까지 교사는 모를 수도 있습니다. 따라서 어른이 없는 공간에서의 모습을 파악하는 것도 중요한 일입니다.

소극적인 아이 중에는 한두 명의 친구와 조용히 이야기를 나누는 경우가 있고, 누구와도 어울리지 않고 혼자 그림을 그리거나 책을 읽는 경우가 있습니다. 후자에는 선택적 함묵증을 가진 아이, 또는 무기력한 아이가 포함되기도 하지요. 이 아이들은 묵묵히 자기 할 일을 하고 집으로 돌아가는 것처럼 보여 관심을 갖고 살펴보지 않으면 '선생님! 저 외롭고 힘들어요. 도와주세요!'라는 도움 요청의 신호를 놓치기 쉽습니다.

불안감이 높은 아이들은 특별히 관심을 기울여야 합니다. 최근 선택적 함묵증을 앓는 아이들이 점점 많아지고 있습니다. 그저 조용한 아이, 말이 없는 아이라고 생각하고 지나쳤다면 이제는 친구들 속에서 잘 어울릴 수 있도록, 편안하게 학교생활을 할 수 있도록 적극적으로 도와주어야 합니다.

말하기를 어려워하는 아이가 있을 때

책을 바짝 세워 얼굴을 반쯤 가린 규리는 언뜻 책을 무척 좋아하는 것처럼 보입니다. 그런데 자세히 보니 아이의 시선은 책이 아닌 주변 친구들을 향해 있고 귀도 친구들을 향해 기울이고 있었습니다. 새로운 환경에서의 긴장감과 불안감, 어색함, 두려움을 티 내지 않으려고 책을 사용한 것 같습니다. '선생님, 저도 친구들과 놀고 싶어요. 그런데 말을 하기가 너무 어려워요. 저를 좀 도와주세요!'가 아이의 진심인데 행동을 토대로 '책을 읽고 있다.'라는 객관적인 사실만 관찰하면 내면의 욕구를 들여다볼 수 없습니다. 교사는 아이가 마음속 이야기를 꺼내지 못하더라도 그것을 파악할 수 있어야 합니다. 불편한 것, 어려운 것, 원하는 것 등 아이에게 진정으로 필요한 교육이 무엇인지 알기 위해서는 아이의 마음속 깊숙한 곳으로 들어가는 것이 중요합니다. 그러기 위해서는 관심을 바탕으로 한 **내면의 관찰**이 필요합니다.

'내면의 관찰'은 아이의 숨겨진 욕구까지 깊이 살펴보고, 객관적으로 보이는 행동뿐 아니라 눈동자의 움직임, 눈을 얼마나 자주 깜빡이는지, 시선을 피하지는 않는지, 다리를 떨거나 입술을 깨물지는 않는지, 엉덩이를 들썩이거나 두리번거리는 행동을 하지는 않는지 비언어적인 메시지까지 파악해 아이가 진정으로 전하고자 하는 것을 관찰하는 것을 의미합니다. 이는 아이에 대한 관심과 사랑이 바탕이 될 때 가능합니다.

아이의 속마음이 알고 싶을 때

학기 초, 아이들은 교실 안에서 되도록 좋은 모습만 보여 주고자 합니다. 새 학년 첫날, 소영이는 새로운 친구들에게 밝고 친절하게 인사하고 교사에게도 "선생님, 제가 도와드릴까요?"라고 묻는 등 긍정적인 태도를 보였습니다. 수업 시간에도 적극적으로 참여하며, 과제를 열심히 해 모범적인 모습을 보이려고 했습니다. 하지만 4~5월이 되면 아이들 사이에 갈등이 발생하는 경우가 있습니다. 교실에서 이렇다 할 다툼도 없었고 교사에게 직접 불만을 표출한 적도 없었는데 말이죠. 소영이는 교사와 친하고 관심을 많이 받는다는 이유로 친구들에게 지시하거나 핀잔을 주곤 했습니다.

저는 겉으로 드러나지 않은 아이들 간의 관계를 파악하고 갈등을 예방하기 위해 3월에 아이들이 또래관계에서 서로를 대하는 태도도 집중적으로 관찰합니다. 태도는 많은 정보를 내포하고 있습니다. 아이들의 관계에 힘의 차이가 있는지도 확인할수 있고, 교사(혹은 어른)가 없는 공간에서 아이들이 어떻게 지내는지도 엿볼 수 있습니다. 집중적으로 관찰하면 아주 짧은 순간의 말투, 눈빛, 손짓 등을 통해서도 마음가짐을 엿볼 수 있습니다. 또래관계에서 나타나는 아이의 태도와 함께 또래 그룹 자체를 파악하는 것도 중요합니다.

또래관계에 균형이 필요할 때

새 학년 첫 주, 지성이는 친구들 사이에서 리더 역할을 맡고있습니다. 쉬는 시간에 지성이가 "○○ 게임하자!"라고 제안하니주변 친구들이 우르르 모여듭니다. 아이들 사이에서 현정이는친구들의 눈치를 보며 고민하는 모습을 보입니다.

새 학년이 되면 아이들은 어떤 친구가 우리 반의 대장 역할을 하는지 탐색합니다. 그렇게 한두 달 정도가 지나면 대장 역할을 하는 아이와 치이는 아이가 누구인지 확인할 수 있습니다.

선생님의 하루 대화법

아이들끼리 어울려 노는 모습을 관찰하면 관계 속 서열 역시 관찰하게 됩니다. 관계가 평등하지 않다고 해서 교사가 언제까지나 아이들이 함께 노는 것을 억지로 막을 수는 없습니다. 그렇기에 가능한 한 빠르게 힘의 차이를 파악하는 것이 중요합니다. 치이는 아이들은 교사가 친근하게 대함으로써 자신감을 갖게 해 줄 수 있습니다. 더 자주 인정받고, 긍정적인 이유로 이름이 더 자주 불리는 것만으로도 아이는 조금 더 크게 목소리 낼 수 있습니다.

또 한 가지 중요한 것은 따돌림을 겪는 아이가 있는지 빠르게 파악하는 것입니다. 만약 지난 학년에 따돌림을 겪은 아이가 있다면 아이들이 그 아이를 대하는 태도가 어떠한지 더욱 세심하게 관찰해야 합니다. 오랜 기간 따돌림과 무시를 당한 아이라면 교사의 관심 표현만으로는 또래 사이에서 자신감을 되찾기 어려울 수 있습니다.

다시 말해 시간이 흐르고 아이들의 관계가 고착된 이후에는 교사가 아이들 간 힘의 균형을 맞춰 주는 것이 굉장히 어렵습니다. 따라서 관계가 고착되기 전, 빠르게 아이들의 관계를 관찰하는 것이 중요합니다.

아이와 친밀감을 높이고 싶을 때

낯선 사람을 만났을 때 서로 친밀감을 느끼려면 관심사를 아는 것이 중요합니다. 교사와 학생이 좋은 관계를 맺는 방법도 크게 다르지 않습니다. 반 아이들의 취향과 관심사가 무엇인지 알아 두면 대화가 더욱 풍성해지고 아이가 교사에게 느끼는 친밀감도 더욱 깊어집니다. 특히 등교하는 아이의 표정, 걸음걸이, 옷차림, 헤어스타일을 관찰하면 아이의 취향은 물론 그날의 감정 역시 알 수 있습니다. 그에 따라 "못 보던 신발이네요! 새로 산 구두군요!", "어제는 머리를 묶고 왔는데 오늘은 풀고 왔네요!", "오늘은 평소에 안 입던 청바지를 입었네요! 헤어스타일도 달라 보이고요!", "오늘은 기분이 좋아 보이는데요! 좋은 일 있군요!"와 같이 대화를 하며 아이에게 관심을 가지고 있음을 전달해 정서적 친밀감과 유대감을 높일 수 있습니다.

무엇을 좋아하는지 아는 것만큼 중요한 것이 바로 무엇이 불편한지 아는 것입니다. 어떤 아이는 자신의 물건을 허락 없이 만지는 일을 크게 불편해하고, 어떤 아이는 성별이 다른 친구와 짝 활동을 하는 것을 불편해합니다. 또 어떤 아이는 큰 소리에

선생님의 하루 대화법

스트레스를 받습니다. 이처럼 불편함을 느끼는 지점을 파악해 두면 아이가 겪을 힘든 상황을 예측한 뒤 교육 활동에 대해 미리 안내해 줄 수 있습니다.

때로는 좋아하는 것, 불편해하는 것을 미리 알기 위해서 자기소개서나 성격 검사지 등을 작성하게 합니다. 이 활동은 아이의 특성을 파악하는 데 도움이 되지만, 이것만으로 아이를 전부 파악하는 데는 무리가 있습니다. 아이는 자신이 무엇을 좋아하고 언제 불편함을 느끼는지 정확히 알지 못하기 때문입니다. 다 큰 어른들도 자기 자신에 대해 정확하게 이해하고 설명하지 못하잖아요. 결국 활동지나 검사지는 하나의 보조 도구일 뿐입니다. 아이가 좋아하는 것과 불편하게 느끼는 것을 보다 정확하게 파악하기 위해서는 관찰을 거듭해야 합니다.

불안이 높은 아이가 시작을 두려워할 때

새 학년, 교사가 가장 빠르게 파악하고 도움의 손길을 내밀어야 하는 유형은 바로 불안이 높은 아이입니다. 이 아이들은 타고난 기질에 불안감이 더해져 새 학년에 적응하기 힘들어 합니다. 이 아이들의 불안을 빠르게 파악해 도와주지 않는다면 앞으로 학교생활에서 큰 어려움을 겪을 것입니다.

새 학년 첫날의 모습은 50미터 달리기 출발선에 서 있는 모습과 닮은 점이 많습니다. 아이들 모두 출발선에 설 때는 잘 해내고 싶은 마음이 가득합니다. 하지만 출발선에 선 아이들의 모습은 모두 다릅니다. 성공의 경험이 많은 아이들과 낯선 환경에서 적응이 빠른 아이들은 어떤 교육을 하더라도 자신 있게 시작할 수 있을지 모르지만, 지난 학년까지 실패가 많았던 아이, 그리고 기질적으로 내성적인 아이, 불안이 높은 아이는 새로운 시작 앞에서 긴장과 두려움으로 몸을 움츠리고 있을 것입니다. 즐겁고 신나는 활동을 통해 긴장감과 불안을 해소하는 아이들도 있지만, 운동장을 천천히 걸으며 자신의 속도와 호흡대로 적응할 시간이 필요한 아이들도 있습니다. 아이의 속도대로, 천천히 적응할 수 있도록 도와주는 과정이 필요합니다. 다시 말해 교육 이전에 불안감을 낮춰 주는 준비가 필요합니다. 마치 달리기 전에 준비 운동을 하는 것처럼 말이죠. 학년 초기, 불안이 높은 아이들에게 가장 필요한 건 내가 있는 교실과 학교가 안전하고 마음이 편안한 곳이라는 정서적 안정감입니다.

선생님의 하루 대화법

불안이 높은 아이의 파악이 필요할 때

첫 만남에서 불안이 높은 아이를 빠르게 찾는 방법은 바로 아이의 목소리와 걸음걸이 등 자연스럽게 흘리는 정보를 관찰하는 것입니다.

저는 아이들의 불안감을 관찰하기 위해서 새 학년 첫날 문앞에 나가 서 있습니다. 불안이 높은 아이들은 바닥을 보며 걷거나 힘없이 터벅터벅 걸어오는 경우가 많습니다. 또한 복도에서 친구가 먼저 인사를 건네더라도 "반가워."라고 소리 내 인사하지 못하고 쭈뼛거리거나 손만 살짝 흔들며 조용히 걸어오기도 합니다. 그리고 두 손으로 가방 끈을 꽉 움켜잡거나 굳은 표정으로 걸어오는 것을 볼 수 있습니다. 첫날, 신발장 앞에서 실내화를 갈아 신을 때 자기 번호와 이름이 적힌 칸을 보고도 머뭇거리고, 교사에게 "제 신발장이 어디예요?"라고 물어보지 못하고 가만히 서 있기도 합니다. 교사가 먼저 인사를 건네도 대답하기를 어려워합니다. 대답을 하더라도 아주 작은 소리로 대답하거나, 고개만 살짝 끄덕이거나, 아무런 반응도 하지 않거나, 심지어는 뒷걸음질을 치기도 합니다. 첫날에는 우리 반에 어떤 아이가 있는지 모르기 때문에 무조건 "또박또박, 큰 목소리로 대답합니다."라고 말하는 대신 선택지를 줍니다. 예를 들어 저는 "선생님이 이름을 부르면 3가지 중에서 선택해서 대답하면 돼요. 첫째, "네!"라고 대답하기. 둘째, 손을 살짝 들거나 고개 끄덕이기. 셋째, 선생님 쪽으로 고개 돌리기. 편한 방법으로 대답합니다."라고 안내해 줍니다. 불안감이 높은 아이들은 손을 들거나 고개를 끄덕이는 것도 어려워하는 경우가 많아 세 번째 방법으로 인사하는 모습을 볼 수 있습니다.

　　　　　　　　　　　　　　　선생님의 하루 대화법

3월 집중 관찰의 장점

3월 1~2주 차에 아이들을 집중적으로 관찰하면 다음과 같은 도움을 받을 수 있습니다.

① 교육 활동 계획을 전략적으로 세울 수 있다.

교사는 5월쯤이 되면 특별한 관찰 없이도 아이들의 특성을 어느 정도 파악할 수 있습니다. 하지만 그 과정에서 이미 여러 갈등이 표출되고, 아이들 사이의 평판도 형성되기 마련입니다. 이러한 상황에서 관계 회복을 돕고 교육적 지원을 하기란 쉽지 않습니다. 3월에는 반 분위기가 비교적 안정적이지만, 시간이 지남에 따라 다툼과 갈등이 잦아지고 학급 운영이 힘들어지는 경우도 흔합니다. 사실 아이들도 3월에는 새로운 환경에 대한 긴장감으로 인해 조심스럽게 행동합니다. 때문에 이 시기를 놓치지 않고 아이들의 특성을 빠르게 파악하는 것이 중요합니다. 3월 1~2주 동안 세심한 관찰을 통해 아이들의 성향과 관계를 이해한다면, 이후 자리 배치, 체육 시간 팀 구성, 수업 활동 등에서 발생할 수 있는 다툼과 갈등을 예방할 수 있습니다. 예를 들어 지적이나 참견에 쉽게 감정이 폭발하는 아이와 수시로 참견하는 아이를 옆자리에 앉히지 않는 것처럼 말이죠.

아이들을 빠르게 관찰하고 파악하는 일은 학급의 안정적인 운영과 교육 활동을 위한 중요한 첫걸음입니다. 교사의 세심하고 전략적인 관찰은 아이들이 건강한 관계를 형성하고 즐거운 학교생활을 이어 가는 든든한 기반이 될 것입니다.

② 신뢰 관계를 빠르고 단단하게 만들 수 있다.

낯선 사람과 신뢰를 쌓으려면 그 사람이 무엇을 좋아하는지, 어떤 것을 불편해하는지 대화를 통해 알아 가고, 그 사람의 행동 패턴을 보면서 추측해야 합니다. 마찬가지로 아이의 기질적 특성부터 성격, 취향, 재능 등을 알기 위해서는 아이를 집중적으로 관찰해야 합니다. 그래야 아이의 특성에 맞는 칭찬과 훈육을 할 수 있습니다.

교사가 똑같은 방식으로 교육적 지도를 하더라도 아이의 특성에 따라 받아들이는 과정에서 차이가 생길 수 있습니다. 예를 들어 교사가 "이거 하세요."라고 똑같은 지도를 했습니다. 한 아이는 교사의 명확한 지시형 언어를 곧바로 이해했지만, 다른 아이는 자신이 잘못해서 혼난다고 오해할 수 있습니다. 그래서 3월 초에 아이의 기질, 성격 등의 개별적 특성을 빠르게 파악해서 신뢰 관계를 쌓는 것이 중요합니다.

③ 보이지 않는 힘의 균형을 조절할 수 있다.

우리 반에는 똑똑하고 성실하고 교사의 안내도 잘 따르는 진수와 투덜거리고 짜증이 많은 윤수가 있습니다. 교사는 성실하고 똑똑한 진수에게 심부름을 자주 시키고, 수업 중에도 진수를 칭찬하는 일이 많았습니다. 진수가 먼저 선생님에게 말을 거는 일도 많았죠. 그런데 6월쯤 아이들을 통해 학교 밖에서 진수가 윤수를 무시하고 보이지 않게 괴롭힌다는 사실을 알게 되었습니다. 교실에서는 잘 드러나지 않았지만, 두 아이 사이에 힘의 차이가 존재했던 것이죠.

만약 교사가 3월 초반에 둘의 관계를 빠르게 파악해서 윤수가 또래관계에서 건강하게 자기 목소리를 낼 수 있도록 도와주고, 진수가 친구 사이에 서로 존중하는 태도를 배울 수 있도록 도와주었다면 아이들이 건강한 또래관계를 만드는 데 도움을 줄 수 있었을 것입니다.

　문제는 또래 사이에서 힘이 약한 아이가 있을 때 어떻게 아이를 도와줄 수 있는가 하는 것입니다. 이렇게 기울어진 또래관계가 지속되면 나중에는 따돌림이 될 수 있어 교사로서 어떻게 아이들의 성장과 관계 회복을 도울지 상당히 깊은 고민이 됩니다. 아이들 간 균형을 맞추도록 돕는 방법은 〈서로를 보듬는 또래관계의 말〉에서 자세히 살펴보겠습니다.

4그룹 관찰법

'아이들의 특성이 모두 다른데 개개인의 특성을 모두 고려해서 맞춤으로 대화를 건넨다는 것이 과연 현실적으로 가능할까?' 하는 생각이 들 수도 있습니다. 교사라면 수업 준비와 생활 지도만으로도 얼마나 바쁜지 알고 있을 것입니다. 교실에 교사는 1명인데 아이들은 20명이 넘고, 하나부터 열까지 다르니까요. 그래서 저는 아이들을 적극성과 사회성을 기준으로 크게 4그룹으로 나누어 빠르게 관찰합니다.

새 학기가 시작되기 전, 저는 반 아이들의 특성을 고려해 교육의 큰 흐름을 미리 계획합니다. 교육 방향이 명확하지 않거나 계획이 없다면 학기 중 다양한 상황과 갈등을 마주할 때 어떻게 대응해야 할지 몰라 길을 잃을 수 있습니다. 때문에 적극성과 사회성을 기준으로 4그룹을 나누어 교육의 방향을 설정하는 것입니다.

✔ 1그룹: 적극성과 사회성이 모두 높은 아이들
1그룹은 학교생활을 활기차게 하며 다양한 친구들과 두루두루 잘 어울리는 아이들입니다. 2~4그룹의 아이들이 1그룹의 방향으로 성장하도록 이끄는 것이 교육의 목표입니다.

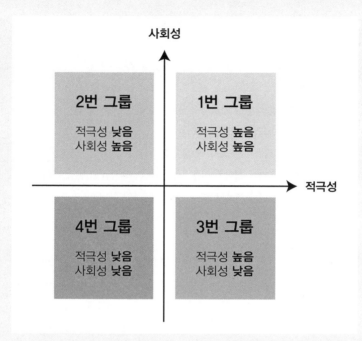

사회성

2번 그룹
적극성 **낮음**
사회성 **높음**

1번 그룹
적극성 **높음**
사회성 **높음**

적극성

4번 그룹
적극성 **낮음**
사회성 **낮음**

3번 그룹
적극성 **높음**
사회성 **낮음**

✔ **2그룹: 적극성이 낮고 사회성이 높은 아이들**

새 학기가 시작되면 먼저 2그룹의 아이들에게 집중합니다. 이 아이들은 배려심이 있지만 내성적이고 자신감이 부족한 경우가 많습니다. 학교 적응을 어려워하는 경우도 많고 수줍어서 자신의 생각을 표현하는 데 어려움을 겪습니다. 이 아이들의 적극성을 키우는 것이 첫 번째 목표입니다. 이를 위해 아이들의 불안을 낮추고 자신감을 키우는 데 집중합니다. 교실을 안전한 공간으로 인식할 수 있도록 따뜻하게 다가가고, 작은 성취감을 느낄 기회를 자주 제공합니다.

예를 들어 간단한 부탁을 하거나 고맙다고 표현할 기회를 만들어 아이들이 자신을 드러내는 경험을 하도록 합니다. 2그룹의 아이들이 자신감을 얻으면 점차 학급 문화의 중심에 서기 시작합니다. 그때부터는 1그룹 아이들과 어울릴 기회를 만들어 주어 자연스럽게 교우 관계를 넓힐 수 있도록 도와줍니다. 그 과정에서 2그룹 아이들은 점점 자신의 의견을 표현하며 자신감을 키워 갑니다. 이는 반 전체의 분위기를 긍정적으로 변화시키는 출발점입니다.

✔ 3그룹: 적극성이 높고 사회성이 낮은 아이들

3월 첫날부터 교사가 아이들과 일대일 관계를 맺기 위해 노력해 왔다면 3그룹의 아이들과도 라포가 형성되어 있을 것입니다. 하지만 교사와 아이들 사이에 신뢰 관계가 쌓였다고 해서 아이들 간에 다툼이 생기지 않는 것은 아닙니다. 교사를 향한 신뢰와 친구를 배려하는 마음은 별개이기 때문입니다. 자신의 것을 포기하고 불편을 감수하면서 친구를 배려하려면 그 친구가 아이의 마음속에 자리 잡아야 합니다.

3그룹 아이들은 자신이 속한 그룹과 익숙한 놀이에만 집중하는 경향이 있습니다. 그러나 1, 2그룹 아이들이 교실에서 새로운 놀이를 만들어 갈 때, 3그룹 아이들은 자연스럽게 호기심을 보이며 '나도 저 놀이에 참여하고 싶다.', '궁금하네.'라며 관심을 갖게 됩니다. 새로운 친구들에게 관심과 호감을 갖고 새로운 놀이 문화에 참여하려는 동기와 의욕이 생기는 시점입니다. 아이가 자발적으로 새로운 그룹에 들어가려고 할 때 교사는 그 과정이 원활하게 이루어질 수 있도록 적절한 지원을 제공해야 합니다.(《교실 속 직업놀이》 참고)

✔ 4그룹: 적극성과 사회성이 모두 낮은 아이들

4그룹 아이들은 선택적 함묵증을 겪거나, 무기력하거나, 따돌림으로 인해 깊은 상처를 가진 아이들입니다. 3월이 시작되면 우리 반에 4그룹에 속하는 아이들이 있는지 빠르게 파악하고 이들에게 지속적으로 관심을 표현하는 것이 중요합니다. 그러나 교사의 사랑과 관심만으로 모든 아이를 도울 수 있는 것은 아닙니다. 때로는 반 아이들의 힘을 빌려야 합니다. 이때 교사는 반 친구들이 4그룹 아이들에게 다가가 말을 건네고 따뜻한 응원의 손길을 내밀 수 있도록 반 분위기를 조성해야 합니다. 4그룹의 아이들에게 반 친구들의 응원이 더해지면 아이를 살리는 교육의 힘은 더욱 커집니다. 이러한 분위기를 만들기 위해서는 교사의 역할이 무엇보다 중요합니다.

지금까지 적극성과 사회성을 기준으로 아이들을 4그룹으로 나누어 관찰하고, 각 그룹의 아이들이 긍정적인 관계를 맺으며 성장할 수 있도록 돕는 방법을 소개했습니다. 여러분의 교육관을 토대로 학급 특성에 따라서 유연하고 탄력적으로 적용해 보기를 추천합니다.

친구관계 정보가 필요할 때 ｜ 가려진 아이들에게 관심을 나
눠 줘야 할 때 ｜ 또래관계를 알고 싶을 때 ｜ 동떨어진 아이
가 있을 때 ｜ 아이의 기질을 알아야 할 때 ｜ 표정 관찰이 필
요할 때 ｜ 아이들과 일상적인 대화가 어려울 때

눈높이를 맞추는
관심의 말

친구관계 정보가 필요할 때

3월 첫 주는 좋은 관계를 위한 골든타임입니다. **관찰 계획**
을 세우지 않으면 눈에 띄는 몇몇 아이들의 모습을 관찰할 수
는 있지만, 전체 아이들의 모습을 관찰하기는 어려울 것입니다.
그래서 저는 아이들이 정보를 줄 때까지 기다리는 것이 아니라
다양한 정보를 자연스럽게 관찰할 수 있는 수업을 계획합니다.
3월에는 새로운 교육 활동보다는 익숙한 활동을 하는 것이 좋
습니다. 익숙하지 않은 활동을 하면 교사도 수업을 진행하고 운
영하는 데 있어 긴장하고 집중해야 해서 중요한 정보를 놓칠 수
있고, 아이들도 낯설고 새로운 활동을 하면 흥분해 평소와 다
른 행동을 보일 수 있기 때문입니다.

예를 들어 첫 번째 체육 활동으로 모두가 함께할 수 있는
종목을 선정하고 아이들이 스스로 팀을 짜도록 합니다. 우리
반은 피구를 하기로 했습니다. 이때 중요한 점은 공개적으로 팀
을 구성하지 않는 것입니다. 쉬는 시간에 복도에 나가서 팀을
짜도록 하고 아이들이 어떻게 팀을 구성하는지 관찰합니다.

체육 수업 전, 쉬는 시간에 조용히 학급에서 아이들과 두루
두루 잘 어울리거나 주도적인 아이 2명을 부릅니다.

선생님의 하루 대화법

"서준이랑 민찬이가 오늘 체육 시간에 피구 팀을 짜 볼래요?"

"네, 좋아요!"

"팀 구성은 우선 비밀로 하고, 수업이 시작될 때 친구들에게 알려 줄 거예요. 복도에서 조용히 팀을 구성하고 결과를 이 종이에 적어 주세요."

서준이와 민찬이가 복도에서 팀을 구성하는 동안, 교사는 자연스럽게 복도를 거닐며 상황을 살펴봅니다. 다른 아이들이 서준이와 민찬이에게 다가와 팀 구성에 참견하지 않도록 분위기를 살펴봅니다.

"네가 수진이 데려가. 나는 민지 데려갈게."

"나도 수진이 데려가기 싫어. 나도 민지 데려가고 싶단 말이야."

아이들 간에 오가는 대화를 들으며 어떤 아이가 배척당하는지 파악하고, 가장 마지막에 남는 아이가 누구인지 알아냅니다. 그 아이가 우리 반에서 가장 약하거나 따돌림을 겪는 아이일 수 있습니다.

그 정보를 바탕으로 아이들이 수진이(마지막까지 남았던 아이)

를 어떻게 대하는지 자세히 살펴봐야 합니다. 수진이에게 공을 주는 아이가 있는지, 수진이를 지적하고 비난하는 분위기가 형성되어 있지는 않은지 등을 살펴보면 따돌림 유무를 추측할 수 있으니까요. 그리고 경기 모습에서 힘의 관계, 적극성, 사회성 등을 관찰합니다. 주도적으로 공을 던지는 아이가 누구인지, 공을 잡았음에도 눈치를 살피다 다른 친구에게 줘 버리는 아이가 누구인지, 의견이 안 맞을 때 누구의 의견을 따르는지, 놀이에 참여하지 않는 아이는 누구인지 등을 살펴보는 것이죠. 한 시간만 관찰해도 누가 대장 역할을 하는지, 어떤 아이가 약한지, 친구들과 어울리는 것을 힘들어하는 아이가 누구인지 쉽게 파악할 수 있습니다.

관찰은 가능한 한 한두 번으로 끝내고, 그 후로는 아이들 마음이 다치지 않도록 교육 과정을 반 특성에 맞게 계획해서 운영하는 것이 중요합니다.

가려진 아이들에게 관심을 나눠 줘야 할 때

아이들의 적극성을 파악하는 가장 쉬운 방법은 수업 시간

선생님의 하루 대화법

에 "이거 발표하고 싶은 사람?"이라고 물어보는 것이죠. 이때 발표하기는 학습적인 관점에서의 적극성입니다. 때문에 이것만으로는 개개인의 적극성을 판단하기 어렵습니다. 저는 아이들의 적극성을 관찰하기 위해 **'도움 요청하기' 방법**을 활용합니다. 학년 초, 교사가 아이들에게 "선생님이 물건 옮기는 것 좀 도와줄 사람?"이라고 도움을 요청하면 적극적으로 나서는 아이들이 있습니다. 학년 초는 특히 교사에게 관심이 높은 시기이고, 교사와 좋은 관계를 맺고 싶은 마음도 크기에 자신이 할 수 있는 일이라고 생각되면 많은 아이가 적극적으로 나서는 모습을 볼 수 있습니다. 이때 중요한 것은 적극성을 표현하는 아이들 뒤에 가려진 아이들입니다.

교사가 도움을 요청하면 보통 새 담임 선생님과 가까워지고 싶은 마음에 반응하기 마련입니다. 그 아이들 뒤에는 무기력하거나 불안감이 높거나 따돌림을 당하는 등 상처가 깊은 아이들이 있습니다. 그래서 저는 아이들의 적극성을 토대로 올해 우리 반에서 교사의 도움이 가장 긴급하게 필요한 아이가 누구인지 파악하려고 합니다. 예를 들어 자리에 가만히 앉아 있는 아이들에게는 직접 다가가 일대일로 도움을 요청해 봅니다.

"희수야, 선생님이 공책을 정리하려는데 우리 희수가 좀 도와줄 수 있을까요?"

교사가 그 아이에게 직접 도움을 요청했을 때 말없이 고개를 끄덕이거나 "네." 하고 내민 손을 잡는다면 아이 안에 적극성은 있는 것이니 다행입니다. 하지만 교사의 일대일 도움 요청에도 아무런 반응을 보이지 않거나 거부한다면 아이 내면에 큰 어려움과 고민, 두려움 등이 있는 건 아닌지 조심히 접근해야 합니다. 아이와의 관계를 천천히 쌓아 가기 위해 아이에게 부담이 되지 않는 방법으로 일상적인 대화와 작은 관심을 표현하다 보면 닫힌 마음의 문이 조금씩 열릴 수 있습니다.

또래관계를 알고 싶을 때

아이들의 관계를 파악하는 방법으로 아이들이 머리를 맞대서 해결책을 찾는 미션을 주는 방법이 있습니다. 예를 들어 두 아이를 함께 심부름 보내는 상황입니다.

상황 1. 다른 반에 보낼 미술 준비물 바구니 2개를 2명에게 주기.

상황 2. 2명의 아이에게 바구니를 1개만 주기.

상황 1은 두 아이가 사이좋게 바구니를 하나씩 나눠 들고 갑니다. 그런데 상황 2는 한 명이 양보를 하거나 함께 바구니를 들어야 합니다. 선택을 해야 하니 고민이 되겠죠? 이것이 바로 미션입니다. 심부름이 목적이라면 두 아이를 불러서 "넌 1반, 넌 2반에 가져다드리렴."이라고 하면 되겠지만, 심부름이 목적이 아니라 사회성 관찰이 목적이므로 아이들이 직접 선택하게 한 것입니다. 겉보기에는 심부름이지만, 사실은 아이들의 특성 중 사회성을 관찰하는 방법입니다.

상황 2를 다시 한번 살펴보겠습니다. 교사가 미라와 지안이를 부릅니다. 그리고 이렇게 부탁합니다.

"이 바구니를 1반 선생님께 좀 가져다드릴 수 있을까요?"

두 아이가 "네, 좋아요!"라고 대답하고 동시에 바구니를 가져갑니다. 그리고 눈을 마주치며 자기가 바구니를 들고 가겠다는 신경전을 벌입니다. 이때 교사는 다른 일을 하는 척하며 아이들이 주고받는 대화를 주의 깊게 듣습니다.

미라가 먼저 말을 꺼냅니다.

"바구니는 내가 들고 갈게. 너는 문을 열어."

그러자 지안이가 싫다고 말을 합니다.

"싫어. 나도 바구니 들고 싶어. 그럼 가위바위보 하자."
"그래, 알겠어. 그럼 노크는 내가 할게."

어떤가요? 저는 이 짧은 대화 속에서 배려와 양보를 엿볼 수 있었습니다. 평소 미라는 주변에 친구들도 많고 무엇이든 열심히 하는 아이인데 관계에 있어서는 자기중심적인 행동을 보였습니다. 늘 자기가 원하는 것을 먼저 얻고 다른 친구에게 명령하는 태도를 보였지요. 즉 '아이의 적극성은 높지만, 사회성(배려심)은 부족하구나.'라고 파악할 수 있습니다.(《수진쌤의 TIP! 4그룹 대화법》 참조) 그런데 이번에는 한발 물러서는 모습을 보였지요. 이처럼 아이들이 서로를 어떻게 대하는지, 어떤 관계를 맺는지 자세히 관찰해 보세요.

선생님의 하루 대화법

동떨어진 아이가 있을 때

교실에서 삼삼오오 어울려 놀 때는 할 수 있는 활동에 제약이 있다 보니 아이들 그룹이 한눈에 보이지 않을 수 있습니다. 그러나 넓은 운동장에 나가면 아이들의 그룹이 확연하게 구분돼 더 쉽게 관찰할 수 있습니다.

저는 아이들의 관계를 관찰하는 데 점심시간을 활용합니다. 첫 주 급식 시간 전후 쉬는 시간에 반 아이들을 데리고 나가서 자유 시간을 주고, 아이들의 관계를 적극적으로 관찰합니다. 아이들이 어울리는 그룹이 어떻게 형성되어 있는지, 못 어울리는 아이가 누구인지, 놀이를 주도하는 아이가 누구인지 유심히 관찰합니다. 아이들의 전체적인 관계, 그룹, 힘의 균형, 적극성, 사회성 등을 종합적으로 관찰하는 것이지요.

이때 꼭 혼자 있는 아이들이 있는데 그 아이도 관찰해야 합니다. 혼자 노는 걸 좋아하는 아이도 종종 있지만, 혹시 따돌림을 겪는 건 아닌지 살펴야 합니다. 아이가 혼자 놀고 있지만 이 그룹, 저 그룹 말도 붙이고, 같이 놀았다 혼자 놀기도 하면 괜찮습니다. 그러나 아이 표정이 어둡고, 주변 친구들이 그 아이와 멀리 떨어지려는 행동을 보이거나, 곁눈질로 그 아이를 힐끔힐

끔 쳐다보거나, 주변 아이들과 대화가 전혀 없다면 관심을 갖고 바라봐야 할 수 있습니다. 그런 경우 교사가 그 아이에게 먼저 다가가서 말도 건네고 옆에 있어 줘야 합니다.

"효진이가 모래 놀이를 하고 있네요. 선생님도 모래 놀이 좋아하는데, 선생님이랑 같이 해 볼까요?"

아이의 기질을 알아야 할 때

한 아이가 사인펜을 사용한 후 색깔 순서대로 정리하고 있습니다. 이 행동을 통해 이 아이는 자신의 기준에 따라 물건을 정리하는 것을 중요하게 생각한다는 사실을 추측할 수 있습니다. 그런데 짝꿍이 사인펜을 빌려 가서는 뚜껑도 제대로 닫지 않고 돌려주었다고 생각해 보세요. 짝꿍은 별일 아니라고 생각할 수 있겠지만, 그 아이는 속상하겠죠. 아이의 기질과 특성을 이해하면 속상한 아이의 마음을 헤아려 줄 수 있습니다.

수학 시간, 아이가 칠교 조각을 순서에 맞게 정리하다가 잘 안 되니 갑자기 책상에 마구 던집니다. 그런데 이 아이의 책가방을 살펴보니 물티슈, 풀, 가위 등이 가지런히 놓여 있고 사물함 안의 물건들도 차곡차곡 정리되어 있습니다. 이 아이는 물건을 각을 세워 정리하는 것을 중요하게 생각하는데 칠교가 마음대로 되지 않으니 순간 감정이 폭발한 것이죠. 만약 아이가 불편해하는 것을 파악하지 못한 상태에서 이런 상황이 생기면 물건을 던진 행동에만 초점을 맞춰서 "물건을 던지면 안 돼요!"라고 교육적인 지도를 하게 됩니다. 그런데 교사가 그 전에 이 아이의 기질을 파악했다면 교육적인 지도와 함께 아이가 표현하지 못한 마음속 어려움을 알고 있다는 메시지를 보낼 수 있습니다.

"○○이는 뭐든지 순서대로 잘 정리하고, 또 정리를 잘하고 싶은 마음이 큰데 칠교가 딱 맞춰서 정리되지 않아 답답했구나. 뜻대로 되지 않아 속상했겠지만 어떤 상황에서도 물건을 던지는 행동은 절대 하면 안 돼요."

이렇게 말이죠. 아이에게 그저 "화가 났구나.", "속상했구나." 하고 형식적인 공감만 해 주는 것이 아니라 그 아이가 설명하지 못하는 어려움에 진심으로 공감해 줄 수 있습니다.

표정 관찰이 필요할 때

쉬는 시간, 한 아이가 책을 읽고 있습니다. 그런데 그 옆을 지나가던 다른 아이가 그만 그 아이의 팔을 툭 건드렸습니다. 이 상황에서 인상을 찌푸리는 아이도 있고, 별일 없다는 듯이 책을 읽는 아이도 있습니다. 같은 상황이라도 아이마다 불편함을 느끼는 부분과 정도가 다릅니다. 그래서 쉬는 시간에 아이들의 표정 변화를 관찰하다 보면 '저 아이는 이런 상황이 불편하구나.' 하고 추측할 수 있습니다.

하지만 아쉽게도 3월은 교사들이 너무나도 바쁜 시기입니다. 아이들의 표정 변화를 세밀히 관찰하는 게 쉽지 않겠지만, 3월 1~2주만이라도 집중해서 아이들의 표정 변화를 관찰하다 보면 아이들의 특성이 보입니다. 저 역시 1년 내내 표정 변화를 집중해서 관찰하는 건 아닙니다. 나중에는 누가 이런 상황에서 어떤 감정을 느끼는지 바로 알기에 아이의 표정이나 행동을 보기만 해도 '저 아이가 지금 불편하구나.', '도움이 필요하구나.' 등을 바로바로 파악할 수 있습니다.

아이들과 일상적인 대화가 어려울 때

교사는 교실에서 늘 아이들과 대화를 나눕니다. 주로 "수학 익힘책 검사하겠습니다.", "사물함 정리합니다.", "지금부터 쉬는 시간을 시작합니다.", "과제물을 제출합니다."처럼 바로 오늘 해야 하는 과업에 관련된 대화가 대부분이지요. 이러한 대화로는 아이들과 좋은 관계를 맺기 어렵습니다. 만약 가족, 연인, 친구 사이에 일상적인 대화는 없고 필요한 용건만 전달한다면 어떨까요? '이 사람은 자기가 필요할 때만 나에게 연락하는구나.'라고 느끼겠지요. 아이들도 평소 나에게 전혀 관심이 없다고 느낀 선생님이 나를 불러서 "이건 ○○이가 잘못한 거니까 앞으로는 이렇게 해 보세요."라고 지도하면 '선생님은 나한테 관심도 없으면서! 무슨 상관이야?!'라고 생각할지 모릅니다.

어른이라면 누구나 한 번쯤 아이에게 잔소리를 했다가 아이의 표정이 일그러지는 것을 본 적이 있을 것입니다. 수업과 과제, 생활 지도 외에 어떤 이야기를 나눠야 할지 몰라 막막하게 느껴지는 순간이 참 많습니다. 일상적인 대화를 나누고 싶어도 아이들이 어떤 게임이나 가수, 노래 등을 좋아하는지 몰라서, 어떻게 대화를 해야 할지 모르겠어서 고민이 되지요. 여기 아이들이 좋아하는 게임과 가수를 전혀 모르더라도 쉽게 일상적인 대화를 나눌 수 있는 저만의 노하우를 소개합니다. 바로 '꼬리물기 대화법'입니다.

원숭이 엉덩이는 빨개→빨가면 사과→사과는 맛있어 (…) 높으면 백두산

모두가 다 아는 이 노래 속에 대화의 비밀이 있습니다. 어른들의 대화가 하나의 주제에 대해 논리적인 흐름에 따라 이야기 나누고 그 주제를 끝맺은 뒤 다음 주제로 넘어가는 방식이라면, 아이들은 다양한 주제에 관한 경험을 두서없이 이야기하는 것을 좋아합니다. 어른의 관점에서 아이와 대화를 나눌 때 할 말이 없다고 느끼는 이유 중 하나는 아이의 세계(아이가 좋아하는 캐릭터, 게임, 음식, 음악 등)에 대해 아는 것이 없다거나 아이와 대화를 길게 이어 가는 것이 어렵다고 느끼기 때문일 것입니다. 아이들은 다른 사람의 이야기를 듣고 질문하는 것은 어려워하지만, 자신의 경험을 쏟아 내는 것은 굉장히 잘하고 좋아합니다. 교실에서는 "저 이거 했어요!", "저 이거 알아요!", "저 이거 먹어 봤어요!"라는 소리를 매일 듣게 되지요. 이처럼 아이들이라면 누구나 자신이 알고 있는 것, 경험한 것을 뽐내기를 좋아합니다.

선생님의 하루 대화법

"선생님, 저 종이접기로 (미니 카) 만들었어요."

"미니 카? 오, 멋지다. 이 (미니 카)는 이름이 뭐야?"

"(전설) 미니 카예요."

"(전설?) 전설은 어디서 생각 난 거야?"

"제가 좋아하는 (게임)에 전설이라는 캐릭터가 나와요."

"(게임?) 수진이가 좋아하는 게임이 뭔데?"

"○○ 게임이요. 거기에서 전설이 가장 센 (캐릭터)예요."

"전설 말고 또 어떤 (캐릭터)가 있어?"

"◇◇, △△ 캐릭터가 있어요. 그 캐릭터는 (갑옷) 같은 것을 입고 있어요."

"(갑옷?) 그 갑옷은 어떻게 생겼어?"

"갑옷은 철로 만든 건데 엄청 힘이 튼튼해서 방어력이 높아요."

이 대화는 '종이접기 미니 카'로 시작했지만, '갑옷'으로 끝이 납니다. 이것이 꼬리물기 대화법의 묘미입니다. 교과에 나오는 '말놀이' 내용을 보면 아이들은 연결되는 낱말을 정말 쉽게 연상하곤 합니다. 아이들이 관련 없는 단어들을 연결해 가는 과정이 하나의 놀이이자 대화라는 것을 기억한다면 부모와 교사는 어떤 아이와도 대화할 수 있는 소통의 달인이 될 것입니다.

아이들은 자신이 관심 있고 좋아하는 것을 들어주는 어른이 있다는 것에 심리적인 안정감을 느낍니다. 이런 어른이 있으면 아이는 세상 사람들로부터 관심을 받고 있다고 느낍니다. 그리고 그게 바로 세상에 대해 느끼는 긍정적인 친밀감의 시작입니다. 아이와 이렇게 대화를 나누는 데에는 채 1분도 걸리지 않습니다. 아이의 눈을 보고 아이가 좋아하는 화젯거리를 바탕으로 단 1분만 대화할 수 있다면 아이들은 내적인 행복감과 만족감을 느낍니다. 아이와 좋은 관계를 만들어 주는 꼬리물기 대화법으로 아이들 한 명 한 명과 일상적인 이야기를 나누어 보기를 바랍니다.

★꼬리물기 대화법 3단계

① 아이가 말하는 문장 속에서 새로운 키워드를 찾는다.
② 아이가 자신이 하고 싶은 이야기를 꺼낼 수 있도록 키워드를 넣어서 질문을 던진다.
③ 새로운 키워드로 질문을 주고받으며 대화를 이어 간다.

선생님의 하루 대화법

당연한 것부터 가르쳐야 할 때 | 이름 부르기에 효과를 더할 때 | 다수의 아이와 유대감이 필요할 때 | 조용한 아이에게 말을 걸고 싶을 때 | 단 한마디로 아이의 마음을 열고 싶을 때 | 아이들이 다가오도록 하고 싶을 때 | 관심을 표현하고 싶을 때 | 아이와 빠르게 라포를 쌓고 싶을 때 | 다수의 아이와 긍정적인 관계를 맺어야 할 때

★수진쌤의 TIP! 불안이 높은 아이를 위한 쉬는 시간 활용법

당연한 것부터 가르쳐야 할 때

3월 첫날 출석을 부르는 순간, 정민이는 갑자기 책상 밑으로 들어가 버렸습니다. 주변 아이들은 정민이의 행동에 놀라 웅성 거리기 시작했습니다. 책상 밑에 숨은 정민이의 눈에는 그렁그 렁 눈물방울이 맺혀 있었습니다. '새 학년 첫날이라 많이 불안 하구나. 반 아이들이 정민이를 이상하게 바라보지 않도록 주의 해야겠다.'라는 생각이 들었습니다.

다행히 첫날 수업은 불안감 높은 정민이도 편하게 할 수 있 는 활동으로 계획되어 있었습니다. 만약 첫 수업이 공동체 활동 이나 자기소개와 같은 발표 활동이었다면 정민이는 친구들에게 말 못 하는 아이, 이상한 아이, 문제가 있는 아이로 비쳤겠죠. 저는 그 대신 아이들에게 출석 번호, 등하교 시간, 유인물 배부 및 설명, 신발장 사용법, 책가방 정리법, 화장실 사용법 등 학교 생활을 위해서 알아야 하는 기본 활동을 안내했습니다. 그리고 새 교실에서 이동하는 동선을 가르쳐 주기 위해 학교 둘러보기 활동을 진행했습니다.

선생님의 하루 대화법

★학교 둘러보기 활동

학교 둘러보기 활동을 하는 이유는 아이들의 불안감을 낮춰 주기 위해서입니다. 불안이 높은 아이들은 새로운 교실에 오면 처음 마주하는 동선에 긴장한 나머지 방과 후 수업에 빙 돌아서 가거나 길을 헤매는 경우가 종종 있습니다. 그럴 때는 새 교실에서 다른 공간으로 이동하는 길을 함께 다녀 보는 것만으로도 도움이 됩니다.

당연한 것도 처음부터 꼼꼼하게 설명했더니 어느새 2교시가 훌쩍 지났습니다. 혹여 우리 반에 아직 한글 쓰기에 어려움을 겪는 아이가 있을지도 모른다는 생각에 이름이 적힌 종이를 나눠 주고 삼각기둥 이름표 만들기 활동을 했습니다.

마지막 시간에는 새 학년에 대한 기대감을 높이는 '소원을 말해 봐!' 활동을 진행했습니다. '소원을 말해 봐!' 활동은 1년 동안 교실에서 친구들과 꼭 해 보고 싶은 것을 포스트잇에 적거나 그려 보는 활동입니다. 아이들은 '친구들과 축구하기', '교실에서 영화 보기'처럼 소소하고 작은 소원을 담으면서 기대감 가득한 모습을 보였습니다.

둘째 날, 셋째 날도 불안이 높은 아이들도 심리적 안정감을 느낄 수 있는 수업을 계획했습니다. 결과적으로 모든 아이가

3월 첫 주를 편안하게 보낼 수 있었습니다.

3월 새 학년, 첫 만남을 준비할 때, 교사의 교육관에 따라 '무엇을 하면 아이들이 재미있어 할까?'라는 기준으로 수업을 계획할 수도 있겠지만, 저의 첫 번째 기준은 '이 수업을 할 때 마음이 불편한 아이가 있을까?'입니다. 어떤 아이들이 모일지 모르는 상태에서 진행하는 수업은 일부 아이의 불안감을 건드려 단점이나 어려움을 부각할 수 있습니다.

1년을 함께할 아이들이니 차근차근 수업해도 시간은 충분합니다. 아이들과 함께 보낼 1년 동안 아이들의 내면이 바르게 성장하고 서로를 소중한 친구로 여기는 관계가 되는 것이 더 중요합니다. 아이들에게 건강하고 행복한 또래관계를 만들어 주기 위해서는 먼저 교사와 아이들이 긍정적인 일대일 관계를 맺어야 합니다. 생각과 마음이 분주하지 않아야 비로소 아이들의 눈과 표정을 볼 수 있어요. 아이들에게 관심을 가지고 따뜻한 말을 건넬 수 있어야 한 명도 놓치지 않고 단단한 유대감을 쌓을 수 있습니다. 사람과 사람의 관계는 특별한 자료나 도구가 아니라 서로에 대한 관심과 대화로부터 시작한다는 것을 꼭 기억하세요.

선생님의 하루 대화법

이름 부르기에 효과를 더할 때

새 학년과 반이 결정되고 교사가 가장 먼저 받는 서류는 바로 아이들의 이름이 번호순으로 정리된 명단입니다. 아이들의 이름을 눈으로, 입으로 읽는 동안 여러 감정이 교차합니다. 2월에 명단을 받으면 신발장, 사물함, 책상에 붙일 이름표를 만들면서 낯선 이름들에 익숙해지려고 노력합니다.

하지만 막상 새 학년이 시작되면 바쁘고 정신이 없는 나머지 출석 시간 외에는 한 번도 이름을 부르지 못한 아이들이 생기기 마련입니다. 그래서 저는 이름을 부르는 시간을 정해 놓고 모두의 이름을 부르기 위해 노력합니다.

아이들이 자리에 앉아 아침 활동을 하고 있으면 등교할 때 문 앞에서 이름을 부르지 못했던 아이들이 누구인지 쭉 훑어보고 한 명씩 이름을 돌아가며 불러 줍니다. 그래야 모든 아이의 이름을 부를 수 있습니다. 간혹 여러 사정으로 아이들의 이름을 불러 주지 못한 날은 1교시 교과 수업을 바로 시작하지 않고 5~10분 정도 시간을 내어 이름을 불러 주고 본격적인 수업을 시작하기도 합니다.

아이들의 안부를 묻는 친교의 말도 교사와 아이의 관계에 따라 달라져야 합니다. 처음에는 "오늘 날씨가 참 춥죠. 현정이가 옷을 따뜻하게 잘 입고 왔네요!"와 같이 아이가 꼭 대답하지 않아도 되는 말을 자연스럽게 건넵니다. 아이가 교사의 혼잣말에 조금씩 적응하면 고갯짓으로 대답할 수 있는 질문이나 날씨에 관한 가벼운 안부를 건네는 식으로 발전시킵니다. 교사와 아이가 조금씩 알아 가는 상황에서는 "오늘 학교 올 때 걸어왔나요?", "아침밥은 먹었나요?", "책가방이 무겁네요. 뭐가 많이 들어 있는 것 같은데요!"처럼 아이가 자신의 이야기를 꺼낼 수 있는 가벼운 이야기를 더합니다. 이후 좀 더 가까워지면 "오늘 기분이 좋아 보이는데 무슨 좋은 일 있어요?"와 같이 아이가 기분이나 감정을 표현할 수 있는 질문을 하는 것도 좋습니다.

이처럼 교사가 아이에게 지속적으로 관심을 표하면 아이들은 조금씩 자기의 이야기를 하기 시작합니다. 아이의 이야기를 통해 오늘 아이의 기분은 어떤지, 어떤 것이 불편한지, 무엇을 좋아하는지 하나씩 알 수 있답니다.

이름을 불러 주는 것은 교과 학습을 시작하기 전에 서로의 마음을 연결하는 단계입니다. 진정한 배움은 아이들이 선생님과 마음을 주고받으며 정서적인 교감이 이루어졌을 때 가능합니다.

선생님의 하루 대화법

다수의 아이와 유대감이 필요할 때

애착은 '정서적인 유대 관계'라고도 합니다. 부모-자녀 간의 애착 관계가 잘 형성되면 아이들의 인지, 정서, 행동 발달에도 긍정적인 영향을 미칩니다. 하지만 교사는 다수의 학생과 관계를 맺는다는 점에서 관계 형성 방법이 부모와는 다를 수밖에 없습니다. 아이들이 학교 안에서 안정감을 느끼며 교사와의 상호작용을 통해 사랑받고 있다는 긍정적인 감정을 느끼도록 도와주려면 어떻게 해야 할까요?

평소에 교사에게 자신의 이야기를 쉽게 털어놓는 아이들은 대화를 나누며 친밀감을 쌓는 것 역시 쉽습니다. 그런데 어떤 아이들은 수업 준비가 안 되었거나 태도가 좋지 않아서 주의나 지도를 받을 때 교사가 건네는 질문조차 불편해합니다. 예를 들어 고무찰흙으로 만들기를 하는 아이에게 "왜 이런 모양으로 만들었나요?"와 같이 가벼운 질문을 해도 지적을 받는다고 받아들일 수 있습니다. 이는 교사의 말 때문이 아니라 오랜 시간 어른들에게 질문의 방식으로 훈계받은 경험이 많기 때문입니다. 예를 들어 "방을 왜 이렇게 어질렀어?", "필요 없는 물건을 왜 책상에 올려놓은 거야?"처럼 말이죠. 이런 아이들은 교사가 "왜"라는 질문으로 대화를 시작하면 경험상 자신이 지금 혼나고 있다고 오해할 수 있습니다. 그러니 '감탄으로 인정하는 말하기'와 '부분에 대해 구체적으로 질문하기'로 대화를 시작해 보세요.

예를 들어 볼까요? 아이가 색종이로 미니 카를 만들고 있다면 "와! 멋진 미니 카네요!"와 같이 감탄사를 이용해 긍정적인 반응을 보이는 겁니다. 그럼 아이는 자신이 미니 카를 접고 있는 행동이 잘못된 것이 아니라고 생각하며 안심을 하게 되지요. 그다음으로 "왜 이걸 만들었어요?"라는 추상적이고 모호한 질문이 아니라 "이 미니 카 날개는 어떻게 만든 거예요?"와 같이 작품에 대해 구체적으로 질문합니다. 그럼 아이는 '선생님이 내가 정성스럽게 만든 미니 카에 관심을 갖고 집중해서 봐 주셨구나.' 하는 감정을 느껴 교사의 관심 표현을 오해 없이 받아들입니다.

★친밀감을 높이는 중계하기 대화법

아이와 조금 더 친밀하게 대화를 주고받고 싶은데 할 말을 찾기 어렵나요? 그럴 때는 '행동 중계하기' 방법을 사용해 보세요.
아이가 미니 카 경기를 하고 있다면 "파란 미니 카와 빨간 미니 카

선생님의 하루 대화법

가 경기를 시작했네요!", "파란 미니 카가 장애물을 뛰어넘었네요!", "이런, 빨간 미니카가 바닥에 떨어졌습니다."처럼 아이들이 놀고 있는 상황을 마치 스포츠 중계하듯 간단하게 묘사해 주세요. 아이들은 선생님이 깊은 관심으로 자신들의 놀이를 인정해 준다고 느끼면서 정서적인 안정감을 느낄 수 있습니다. 이후 마음의 문이 열린 아이들이 재잘재잘 이야기보따리를 풀어놓으면 그저 아이들의 이야기를 잘 들어주는 것만으로 자연스러운 정서적 교감이 이루어집니다. 그때는 아이가 신이 나서 하는 말에 "와 정말? 재미있었겠다!"라고 짧게 반응을 해 주는 것만으로도 충분합니다.

만약 소심한 아이, 부끄러움이 많은 아이, 무기력한 아이 또는 선택적 함구증을 앓는 아이 등 말하는 데 많은 용기가 필요한 아이들이 있다면 이 아이들에게는 질문 대신 혼잣말을 건네보세요. 말하는 것을 어려워하는 아이들이 선생님의 질문에 제대로 대답하지 못한다면 친구들의 눈에 이상한 아이로 보일 수 있습니다. 그리고 무엇보다 교사의 질문을 받는 순간 아이가 바짝 얼면서 긴장하고 그 상황에서 도망치고 싶다고 느낄 것입니다. 이런 성향의 아이가 혼자 책을 읽고 있다면 "그 책 어때요? 재미있나요?"라는 질문 대신 "동물이 나오는 책을 읽고 있네요!"라고 아이의 모습을 그대로 묘사하는 말로 대화를 시작하는 것이 좋습니다.

이 과정이 지나면 교사가 아이들에게 꼭 필요한 규칙을 전달했을 때 아이들은 수긍하고 편안하게 받아들입니다. 놀이 상황에서 아이들과 대화를 나눈 후 "이제 쉬는 시간이 3분 남았으니까 슬슬 정리를 시작합시다."라고 안내하면 아이들은 교사의 지도를 적극적인 자세로 수용합니다. 올바른 행동을 지시하는 것보다 아이들과의 긍정적인 상호작용, 교감이 선행되었기 때문입니다. 이처럼 교사와 학생 간의 긍정적 상호작용은 훈육 이전에 정서적인 신뢰를 쌓는 과정입니다. 하루 중 짧은 시간을 내어 2~3마디의 단순하지만 효과적인 대화를 나누면서 아이들과 긍정적인 상호작용을 통해 유대감을 쌓아 보세요.

★3월 초에 활용하기 좋은 월화수목금 대화법

월: 안녕하세요. 민서군요. 반가워요!
(※아이의 이름을 불러 줍니다.)
화: 안녕하세요. 옷을 따뜻하게 입고 왔네요!
(※날씨처럼 개인의 신상 혹은 상태와 관련 없는 질문이 좋습니다.)
수: 안녕하세요. 아침에 일어나기 힘들진 않았나요? 걸어서 등교한 거예요?
(※개인적인 질문 중에서 '예.', '아니오.'와 같은 간단한 대답이나 고개 끄덕임으로 대답 가능한 질문을 고르는 것이 좋습니다. 가족에

선생님의 하루 대화법

대한 질문은 하지 않습니다.)

목: 안녕하세요. 밥은 먹고 왔나요?

(※'예.', '아니오.'로 대답할 수 있거나 자기 이야기를 간단하게 할 수 있는 질문이 좋습니다.)

금: 안녕하세요. 밥은 먹고 왔나요? 우리 민서는 어떤 반찬을 좋아하나요?

(※좋아하는 것 등 아이가 자기 이야기를 자유롭게 할 수 있는 질문이 좋습니다. 마찬가지로 가족에 대한 질문은 하지 않습니다.)

조용한 아이에게 말을 걸고 싶을 때

평소 조용해서 눈에 잘 띄지 않는 아이에게 살갑게 말을 걸고 싶은데 무슨 주제로 대화를 시작해야 할지 고민될 때가 있습니다. 그런 아이에게 불쑥 개인적인 질문을 던지면 불편해할 수 있습니다. 잘 알지도 못하는 사람이 갑자기 "남편은 무슨 일을 하세요?", "결혼은 하셨어요?"라고 물으면 불편한 것처럼 말이죠. 아직 아이의 마음이 열리지 않았고 선생님과의 대화를 조금은 어렵게 느끼고 있다면 아이와 직접적인 관련이 없는 것부터 이야기해 보는 것이 좋습니다.

교실이라는 특수한 환경에서 가장 쉬운 대화의 주제는 바로 학용품, 책 등 아이 책상에 놓인 물건입니다. 일단 아이의 책상에 있는 물건을 관찰하고 그중 하나를 가리키며 "이거 못 보던 필통이네요!"라고 말을 걸어 보세요. "이게 가람이 필통이군요!"라고 말할 수도 있지만, 같은 필통에 대해 관찰한 사실이더라도 "이거 못 보던 필통이네요!"와는 풍기는 뉘앙스가 다릅니다. '못 보던 필통'이라는 말은 아이가 지금까지 어떤 필통을 가지고 다녔는지 관심 있게 보았다는 뜻이니까요. 이처럼 아이의 책상 주변에서 대화거리를 찾아서 말을 건넬 때 중요한 점은 '관심'을 바탕으로 관찰한 것을 전달하는 것입니다.

아이들의 물건에는 취향이 담겨 있습니다. 예를 들면 좋아하는 '색'과 '캐릭터'가 있습니다. 때문에 아이가 가진 물건의 색상이나 캐릭터의 공통점을 관찰하면 어떤 아이와도 쉽게 대화를 시작할 수 있습니다. 이때 조심해야 하는 것이 2가지 있습니다. 첫 번째는 "이 필통 못 보던 거네요! 엄마가 사 주셨구나 봐요!"와 같이 가족에 관련된 말을 덧붙이는 것입니다. 가족에 관한 이야기는 아이의 가정환경에 대해서 정확하게 알고 있을 경우 더 친밀하게 대화를 나누게 되는 촉매제가 될 수 있지만, 잘 모르는 상황에서는 조심스럽게 다뤄야 하는 주제입니다. 두 번째는 "이건 못 보던 필통이네요! 새로 산 거예요?"라고 추가적인

　　　　　　　　　　선생님의 하루 대화법

질문을 덧붙이는 것입니다. 쉬는 시간에 혼자 앉아 있거나 친구와 이야기 나누기를 어려워하는 아이들에게 교사의 이런 질문은 부담스럽게 느껴질 수 있습니다. 그러므로 이런 혼잣말인 것처럼 "이거 못 보던 필통이네요!"까지만 말하면 충분합니다.

아이에게 말을 건넸는데 눈을 마주치기는커녕 무표정하거나 고개도 들지 않은 채 일관할 수도 있습니다. 아무런 반응이 없다고 해서 예의 없다고 나무라거나 당황하지 마세요. 꼭 아이의 대답을 들어야만 대화를 나눈 것이 아닙니다. 교사가 아이에게 관심을 갖고 있다는 것을 전달하는 것부터 좋은 관계를 만드는 대화의 시작입니다. 아마 아이는 마음속으로 '선생님이 나한테 말을 걸어 주셨네. 우리 선생님은 나한테 관심이 많은가 봐. 기분 좋다.'라고 느끼고 있을 거예요. 우리는 그저 아이에게 오늘도, 내일도, 모레도 '선생님은 너에게 관심 있어.'라는 마음만 전달해 주면 됩니다.

단 한마디로 아이의 마음을 열고 싶을 때

수업 시간에 아이가 한 말이나 쓴 글을 기억해 두었다가 그

것을 주제로 아이에게 관심을 표현하는 방법도 있습니다. 예를 들어 인상 깊었던 일을 소개할 때 아이가 "가족들과 한강에서 자전거를 탄 일이 기억에 남는다."라고 적었다면 그것을 기억해 두었다가 아이와 대화를 나누는 상황에 "지난번 국어 시간에 가족들과 자전거 타러 한강에 갔던 일을 적었었잖아요. 그때 정말 재미있었겠어요. 자전거 타고 또 뭐하고 놀았어요?"라고 넌지시 물어보는 것입니다. 그럼 아이는 '선생님이 내가 교과서에 적었던 내용을 다 기억하시네.'라는 생각에 굉장히 기쁘고 행복한 감정을 느끼겠지요.

이때는 다른 아이들과 함께 듣더라도 불편하지 않을 이야깃거리로 대화를 나누는 것이 좋습니다. 한 아이가 "우리 가족은 주말마다 호텔에 가서 바비큐를 먹고 수영을 하며 시간을 보낸다."라고 글을 적었다면 그런 경험을 해 보지 못한 다른 아이들에게 부러움을 살 수 있으니까요. 저는 아이들이 주말에 한 일, 방학 동안 한 일처럼 가정환경에 따라서 경험의 차이가 큰 주제는 위화감을 조성할 수 있으므로 공개적으로 발표시키지 않습니다. 이처럼 아이의 가정환경과 밀접한 주제에 대해서는 아이와 일대일로 이야기 나누는 것이 좋습니다.

교육 과정상 아이들의 경험이 자연스럽게 묻어 나오는 이야기를 찾는 것은 어렵지 않습니다. 특히 '동시 쓰기'처럼 아이들의 경험과 느낌을 담아야 하는 활동을 할 때는 '봄' 하면 떠오르는 것', '나에게 소중한 것', '내가 좋아하는 것'처럼 함께 대화를 나눌 수 있는 주제가 정말 많습니다.

교사가 아이의 마음의 문을 반복해서 두드리면 아이의 마음속 불안감이 조금씩 사라지기 마련입니다. 혹여 아이가 교사에게 다가오지 못하더라도 교사가 그 아이에게 관심을 갖고 있음을 계속 표현해 주는 것이 중요합니다. 선생님의 사랑과 관심, 진심 어린 마음을 전하는 데는 아이들에 대해 관찰한 내용, 기억하는 내용을 전달하는 것만으로도 충분하다는 것을 기억하세요. 우리 아이들은 오늘도 선생님이 건네준 관심 어린 한마디에 행복감을 느낄 테니까요.

아이들이 다가오도록 하고 싶을 때

"선생님 좀 도와줄 사람?"

아이들 모두에게 말을 건넬 시간적 여유가 없을 때는 아이들이 다가오게 하는 마법의 주문을 걸어 보세요. 바로 "선생님 좀 도와줄 사람?"이라고 말하는 거예요. 그럼 아이들은 대가나 보상 없이도 '우리 선생님이니까 도와드려야지!'라는 관심과 사랑만으로 교사에게 다가옵니다.

우선 적극적이고 의욕적인 아이들이 우르르 나옵니다. 저는 에너지가 넘치는 아이들에게는 힘을 쓰고 몸을 움직일 수 있는 일을 요청합니다. 예를 들어 책상 배치 바꾸는 것을 도와달라고 합니다. 초등학교는 교과목마다 책상 배치를 다르게 할 일이 많습니다. 에너지 넘치는 아이들은 몸을 움직이고 힘을 쓰는 과정을 통해 스트레스도 풀 수 있고, 자신이 노력해서 선생님을 도와드렸다는 데에서 뿌듯함과 행복함을 느낍니다.

이때 교사는 도와주러 나오지 않고 자리에 앉아 있는 아이들이 누구인지 살펴야 합니다. 그 아이들을 기억해 두었다가 다음 쉬는 시간에 다가가서 "공책을 번호 순서대로 챙기는 것 좀 도와줄 수 있을까요?"라고 앉아서도 할 수 있는 활동을 제안합니다. 내성적이고 수줍음이 많은 아이에게는 정적이면서 심리적인 부담 없이 할 수 있는 활동으로 도움을 요청하는 것이 중요합니다. "효진이랑 선미가 같이 도와줄 수 있을까요?" 같은 질문을 성향이 비슷한 두 아이에게 하는 것도 좋습니다. 내성적인 성향의 아이들은 친구에게 먼저 다가가는 것을 어려워하기 때문에 교사를 돕는 상황을 통해 자연스럽게 어울리는 기회를 만들어 줄 수 있습니다.

교실에는 교사 혼자 하기에 버거운 일이 많습니다. 그럴 때 '아이들이 알아서 척척 도와주러 나오겠지!'라고 생각하기보다는 솔직하게 도움이 필요하다고 말해 주세요. "선생님이 지금 준비물을 가지러 갈 건데, 혼자 옮기는 것이 너무 힘들어서 말이에요. 도와줄 사람이 있을까요?"라고요. 단, 아이들도 사정이 있을 수 있으니 도움을 줄 수 있는 상황인지 먼저 확인하고 동의를 구해야 합니다. 그리고 아이가 쉴 시간을 포기하고 도와주는 것이니 고마운 마음을 꼭 전해야 합니다.

교사가 도움을 요청할 때 사정을 먼저 묻고 존중하는 태도로 대하면 아이들은 교사를 도와주는 과정에서 친밀하고 끈끈한 감정을 느끼게 됩니다. '선생님이 나를 가깝게 느끼시는 것 같아.'라는 감정이 차곡차곡 쌓이면 나중에는 선생님에게 "선생님, 이거 제가 도와드릴까요?"라고 먼저 말을 건네는 일도 많아진답니다. 이처럼 교사가 도움을 요청하는 행동은 학생과의 관계를 더욱 단단하게 연결하는 다리이자 우리 반에서 교사의 관심과 도움이 가장 필요한 아이가 누구인지를 파악할 수 있는

'관찰의 열쇠'가 된다는 것을 기억해 주세요!

관심을 표현하고 싶을 때

극히 내성적인 아이들은 마음속으로 선생님을 정말 좋아하고 선생님에게 관심이 많아도 인사하는 것조차 어려워할 수 있습니다. 그래서 저는 교실에 도착하면 우선 반 전체에게 인사를 건넵니다. "얘들아, 모두 아침은 먹고 왔나요?", "오늘은 날씨가 많이 춥더라고요. 다들 따뜻하게 입고 왔지요?", "오후에 비가 온다는데 다들 우산은 잘 챙겨 왔나요?", "주말은 다들 즐겁게 보냈나요?" 이런 질문에 몇몇이 대답을 하면 자연스럽게 여러 아이와 일상적인 대화를 나눕니다.

때로는 관심을 가져달라는 의미로 "얘들아, 선생님 좀 달라지지 않았나요? 어디가 달라졌을까요?"라고 직접 표현하기도 합니다. 그럼 아이들이 "선생님, 염색하셨어요? 머리가 뭔가 달라 보여요."라고 얘기하죠. 그러면 "와, 선생님 헤어스타일 바뀐 거 알아주는 건 역시 우리 반 친구들뿐이구나. 고마워요!"라고 대답합니다. 그러면서 아이들의 표정을 관찰합니다. 표정을 보면 아이들의 감정 상태가 보이거든요. 늦잠을 자서 잔소리를 듣고 우울한 아이도 있고, 방과 후에 생일 파티가 있어서 벌써 신난 아이도 있습니다. 매일 아침 아이들의 표정을 보며 한 명 한 명에게 말을 건넬 계획을 세웁니다. 관심을 표현할 기회라고 생각하면서요.

이렇게 매일 아이들의 표정이나 행동을 관찰하고 대화를 나누다 보면 아이의 생활 패턴이 보이기 시작합니다. 아침밥을 안 먹고 와서 기운이 없는 아이, 밤늦게까지 공부하느라 피곤한 아이 등 아이의 일상을 들여다볼 수 있게 됩니다. 이렇게 아이들에 관한 데이터를 축적하다 보면 어느 날에는 평소와 다른 모습이 보이기도 합니다. 아이가 평소와 다른 행동을 보일 때는 도움을 요청하지 않더라도 교사가 먼저 변화를 포착해서 건강 및 정서적인 상태를 확인하는 것이 중요합니다.

아이의 사소한 변화를 관찰하는 것은 아이가 자신의 어려움을 말하지 못하고 있을 때 도움을 주기 위해서도 필요하지만, 친밀감을 높이는 데도 중요한 역할을 합니다. 아이가 특별히 신경을 써서 새 옷을 입고 등교했을 때 교사가 그 변화를 알아차리고 "어머, 우리 지수 오늘 새 옷 입고 왔구나!"라고 관심을 표현해 주면 수줍어하면서도 마음속으로는 굉장히 신나 하거든요. 실제로 아이가 새 옷을 입고 간 날 선생님이 알아줘서 무척 행복해했다는 이야기를 학부모께 전해 듣기도 했고요. 이렇게 교사의 작은 관심 표현만으로 아이가 선생님에게 사랑받고 있다는 기분을 느낄 수 있다면, 하지 않을 이유가 없겠지요.

그래서 저는 특히 월요일은 아이들의 헤어스타일, 옷차림의 변화를 더욱 세심하게 살펴봅니다. 보통 주말 동안 머리를 자르거나 가족들과 쇼핑을 하기도 하니까요. 월요일에 보면 머리를 단정하게 자른 아이, 새 신발을 신고 신나게 걸어오는 아이, 새 옷을 입고 들뜬 표정으로 교실에 들어오는 아이가 보이거든요. 그러니 월요일에는 평소보다 조금 더 일찍 출근해서 등교하는 아이들 한 명 한 명의 모습을 집중적으로 관찰해 보는 것은 어떨까요? 매주 월요일은 교사가 아이들에게 관심을 표현할 수 있는 최고의 순간이라는 것을 기억해 주세요.

선생님의 하루 대화법

아이와 빠르게 라포를 쌓고 싶을 때

어느 미술 시간에 책갈피 만들기 수업을 진행했습니다. 각자 자신이 좋아하는 것을 그림으로 그리고 코팅합니다. 코팅된 그림을 가위로 오리고, 책갈피 끈을 달기 위해서 펀치로 구멍을 뚫습니다. 구멍을 뚫고 싶은 위치가 저마다 다를 수 있으므로 세연이에게 친구들에게 구멍 뚫을 위치를 물어보고 표시해 달라고 부탁했습니다. 세연이는 학교 적응에 어려움을 겪고 있었습니다. 그래서 학급에서 운영하는 직업놀이 중 비서 활동을 통해 교사 곁에서 이것저것 도와주는 역할을 하고 있었습니다. 책갈피 만들기 수업에서는 친구들에게 어디에 구멍을 뚫을지 물어본 후 제게 전달해 주고 있었습니다. 그런데 지렁이 모양의 그림이 나왔습니다. 구멍을 뚫을 자리가 영 애매했지요.

"이건 지렁이라서 구멍 뚫기가 영 어렵겠는데?"
"제가 태준이에게 가서 어디에 구멍 뚫을지 물어보고 올게요."

잠시 후 세연이는 "태준이가 지렁이 몸통에 구멍이 생기지 않도록 위쪽에 뚫고 싶대요."라고 알려 주었습니다. 그렇게 펀치에 지렁이 그림을 집어넣고 누르는 순간, 몸통 한가운데에 구멍이 뚫리고 말았습니다.

"어! 어쩌지? 지렁이 몸통 한가운데에 구멍을 뚫었네!"
"선생님! 태준이가 지렁이 몸통에 구멍 뚫지 말라고 했는데요⋯⋯."

저와 세연이는 눈을 마주치고 피식 웃음을 짓고 말았습니다.

"세연아, 선생님이 실수한 거 우리 둘만의 비밀이다! 태준이한테는 선생님이 이따 미안하다고 조용히 말할게."

그렇게 세연이와 저는 지렁이 책갈피를 주고받으며 둘만의 비밀을 공유하게 되었습니다. 그날 이후 세연이는 눈이 마주칠 때마다 미소를 지으며 '선생님! 지렁이 몸통 사건이요! 그거 우리 둘만의 비밀이잖아요.'라는 신호를 보내곤 했습니다.
아이들은 누군가와 비밀을 공유하면 특별한 관계가 된다는 마음을 가지고 있습니다. 그래서 친구들끼리도 속닥속닥, 부모님께도 속닥속닥하며 특별한 비밀을 만들고 싶어 합니다. 아이

　　　　　　　　　선생님의 하루 대화법

들에게 비밀은 너와 내가 연결되는 특별한 추억이자 서로를 믿고 있다는 강한 믿음을 의미하기 때문입니다. 아이들에게 비밀은 거창하고 대단한 것이 아니라 나만 아는 선생님의 실수, 선생님과 나눈 둘만의 이야기 등 소중한 비밀이자 추억이 됩니다. 특히 교사가 실수했을 때 "선생님이 실수한 건 비밀이야. ○○이만 알고 있어 줘!"라고 말하며 아이와 작은 비밀을 공유한다면 그 작은 비밀이 단단한 신뢰 관계를 만들어 주는 디딤돌이 되어 줄 것입니다.

다수의 아이와 긍정적인 관계를 맺어야 할 때

교사와 학생 사이에 친밀감이 쌓이기 시작하면 쉬는 시간이 되자마자 여러 아이가 교사 주변에 다가와 각자 하고 싶은 이야기를 꺼냅니다. 교사와 말하기 좋아하는 아이들, 적극적인 성향의 아이들은 새 학년 첫 주부터 교사에게 다가와 쉼 없이 말을 합니다. 교사 주변을 감싸는 아이들 틈에 묻혀서 이야기가 끝날 때까지 들어주다 보면 매일 같은 아이들과 집중적으로 대화를 나누게 되고, 교사에게 다가오지 않는 내성적이거나 소심한 아이들과는 대화를 나누기 어렵습니다. 그래서 저는 모든 아이와 좋은 관계를 맺기 위해 **선택과 집중**을 하고자 노력합니다.

우선 출근 전, 오늘 어떤 아이들과 친밀감을 쌓을지 생각합니다. '오늘은 시영이, 명지, 호준이와 대화를 나눠야지.'라고 생각했다면 등교 시간 또는 쉬는 시간을 활용해 그 아이들에게 다가가고, 아이 주변의 물건을 빠르게 관찰해 "시영이는 강아지 캐릭터 연필을 좋아하는군요."라고 관심을 표현합니다. 그렇게 아이와 짧게라도 대화를 이어 갑니다.

오늘 대화를 건네고자 마음먹은 3명의 아이에게 다가가는 동안 교사에게 적극적으로 다가와서 말을 건네는 아이들이 있을 텐데요. 이때 그 아이들에게 끌려갈 게 아니라 아이의 특성에 따라서 빠르게 반응을 해 주고 보내는 것이 중요합니다. 만약 기질이 산만한 아이가 "선생님, 저 드래곤 종이접기했어요!", "저 블록으로 집을 만들었어요!" 등 자기가 한 행동을 자랑하기 위해서 찾아왔다면 아이가 완성한 작품에 대해 "와, 대단해요!", "정말 멋져요!"라고 피드백을 준 뒤 "새로운 걸 또 만들면 선생님에게 말해 주세요. 이따 보러 갈게요."라고 말하고 돌려보냅니다. 사실 교사와 길게 대화를 나눈다고 해서 만족감이 더 높아지는 것은 아닙니다. 그저 자신이 완성한 작품에 대해 교사가 "멋지다. 대단하다.

선생님의 하루 대화법

최고다!"라고 인정해 주는 것이 좋은 것이거든요.

이때 주의할 점은 아이들이 원하는 것은 관심이지 참견이 아니라는 것입니다. 즉 방패를 만들어서 온 아이에게 "손잡이가 튼튼하지 않네요. 이 부분을 고쳐 보세요!"라고 말하는 건 자신의 작품을 최고라고 생각하는 아이에게 무언가 잘못되었다고 지적당하는 기분을 느끼게 합니다. 이건 참견이자 간섭입니다. 아이가 원하는 관심은 자기가 만든 작품을 멋지다고 인정해 주면서 "와, 이 방패는 어떤 창도 다 막을 만큼 튼튼해 보이네요. 멋진 방패를 만들었으니까 창도 만들어보면 좋겠어요."라는 식으로 **새로운 아이디어나 미션**을 주는 것입니다. 그러면 아이는 선생님에게 인정받았다는 생각에 신이 나서 자리로 돌아갑니다.

그런데 산만한 아이 중에서도 종종 대화를 통해 자기 자랑을 하고 싶어 하는 경우가 있습니다. 친한 친구에게 자랑하면 대부분 공감을 잘 안 해 주거든요. "나 이번에 태권도 심사 통과해서 파란 띠 땄어."라고 자랑하면 친구는 "우리 형은 빨간 띠야!"라고 맞자랑을 하는 식이니까요. 그러다 보니 인정받고 싶은 욕구, 공감받고 싶은 욕구가 채워지지 않아 교사를 찾아오는 겁니다. 이럴 땐 교사가 "와, 대단해요. 멋져요!"라고 피드백을 해 주면 신이 나서 계속 이야기를 이어 갑니다. 계속 그 아이와 대화하면 오늘 대화를 나누려고 했던 아이들에게 집중할 시간이 부족해지고 맙니다.

그럴 때 저는 소심한 아이들에게 다가가면서 산만한 아이가 이야기하는 것을 계속 들어줍니다. 그럼 아이는 교사 뒤를 졸졸 따라오며 하고 싶은 이야기나 자랑을 계속 늘어놓습니다. 아이와 함께 걸어가는 동안 "그랬군요, 재밌었겠네요. 대단하다!"라고 짧게 리액션을 해 주는 것이 좋습니다. 산만한 아이는 교사의 뒤통수에 대고 계속 말을 할 만큼 이야기하기를 좋아하고 자기 이야기를 하는 과정 자체에 만족감을 느낍니다. 그래서 교사가 온전히 집중해서 이야기를 들어주지 못하더라도 자기 자랑을 충분히 표현한 것 자체로 행복해합니다.

동시에 교사는 오늘 집중하려고 했던 소심한 아이 3명에게 다가가 말을 건넵니다. 소심한 아이에게 말을 건네는 동안에도 산만한 아이가 계속 교사 뒤를 따라다니며 태권도 이야기를 하고 있다면 소심한 아이와의 이야기가 끝난 후에 그 아이에게 집중해 줍니다. 그때는 아이가 자랑하는 태권도 이야기를 적극적으로 듣고, 중간중간 질문도 해 줍니다. "파란 띠 다음은 무슨 띠예요?", "한 번 보여 줄 수 있어요?"라고 말이지요. 지금 제가 설명한 이 상황이 매 쉬는 시간 10분마다 일어납니다. 산만하면서 대화를 통해서 인정받고 싶어 하는 아이의 경우, 매일매일 자랑하고 싶은 것이 많으므로 그 아이에게 집중하는 시간과 다른 아이에게 집중하는 시간을 선택해서 대화를 나누는 지혜가 필요합니다.

불안이 높은 아이를 위한 쉬는 시간 활용법

쉬는 시간이 되면 적응력이 좋은 아이들은 교실 이곳저곳을 돌아다니기도 하고 주변 친구들과 웃고 떠들며 어울립니다. 반면 불안이 높은 아이들은 혼자 자리에 앉아 있는 경우가 많습니다. 3월 첫날 쉬는 시간은 이 교실에서는 무엇을 해도 되고 무엇은 안 된다고 정해진 것이 없다 보니 불안이 높은 아이들은 '다른 아이들이 나를 이상하게 보지 않을까?' 하는 마음에 주변을 의식하기도 합니다. 그러면서 더 위축되고 긴장하겠죠.

그래서 쉬는 시간에 아이가 혼자 우두커니 있지 않도록 도와주는 것이 중요합니다. 쉬는 시간에 읽을 책을 미리 준비하는 방법도 있지만 저는 아이들이 좋아하는 숨은 그림 찾기, 미로 찾기, 색칠하기, 컬러링 등 활동지를 모아 놓은 꾸러미를 준비합니다. 이렇게 하면 아이들이 자연스럽게 꾸러미를 이용하며 쉬는 시간을 즐길 수 있습니다. 이런 상황이라면 불안이 높은 아이도 특별히 눈에 띄지 않을 수 있겠죠. 마치 보호색처럼요. 포인트는 혼자서 해도 즐거운 활동을 준비하는 것입니다.

아이가 무엇에 실패했을 때 │ 지각한 아이가 있을 때 │ 준비물을 챙겨 오지 않은 아이가 있을 때 │ 수업 준비가 안 된 아이가 있을 때 │ 선생님의 준비성이 필요할 때 │ 서투른 아이, 연습이 필요할 때 │ 아이들이 한바탕 떠들 때 │ 행동 지도가 필요할 때 │ 훈육이 필요할 때 │ 이동 중 복도에서 시끄럽게 떠들 때 │ 아이들이 더 놀고 싶다고 떼쓸 때 │ 아이가 질문한 것의 답을 모를 때 │ 실수한 아이를 달래 줘야 할 때 │ 하루를 마무리할 때

★수진샘의 TIP! 부끄러움을 느끼는 순간 보듬어 주기

아이가 무엇에 실패했을 때

아이에게 가벼운 일을 맡길 때가 있습니다. 예를 들어 교실 뒷문이 잠겨 있을 때 문고리를 빼서 열어 주는 일처럼 말이죠. "기영아, 뒷문 좀 열어 줄 수 있을까?"라고 부탁하자 기영이는 뒷문으로 다가가 문을 열기 위해 문고리를 열심히 움직여 봅니다. 그런데 문제가 있는 듯 끙끙거릴 뿐입니다. 이때 교사가 뒷문을 여는 일에 급급해서 평소 뒷문을 잘 열던 용희에게 "용희야, 뒷문 좀 열어 주세요."라고 부탁한다면 어떨까요? 용희는 단박에 뒷문을 열고 의기양양해하겠죠. 그때 기영이의 마음은 어떨까요?

기영이는 분명 선생님의 부탁을 받고 열심히 문을 열어 보려고 애썼습니다. 그런데 처음이라 어떻게 해야 하는지 잘 몰랐죠. 그러다 보니 열지 못한 것뿐인데 교사가 그 문제를 빠르고 정확하게 해결할 수 있는 아이에게 일을 다시 맡겨 버린 것입니다. 따라서 기영이는 자신이 도움이 되지 못했다는 생각에 낙심할 수 있습니다. 물론 아이의 특성에 따라서 '귀찮았는데 잘됐네.'라고 생각할 수도 있지만, 자존감이 낮거나 인정욕구가 강한 아이라면 그 상황에서 제대로 도움이 되지 못한 자신의 모습에

선생님의 하루 대화법

한없이 작아지고 움츠러드는 감정을 느꼈을 것입니다.

목소리가 크고 씩씩한 아이를 보면 '저 아이는 잘 상처받지 않을 거야!'라고 속단하기 쉬운데요. 사실 아이의 내면을 깊이 들여다보면 인정받고 싶은 욕구가 강하거나 불안이 높은 아이일 수도 있습니다. 따라서 아이의 자존심이 다치지 않도록 인정 욕구를 채워 주는 방향으로 지도해야 합니다. 그래서 저는 어떤 아이에게 심부름이나 도움을 요청한 후에는 그 아이가 요청받은 일을 하는 과정에서 어려움은 없는지 살펴봅니다.

특히 기영이처럼 뒷문을 여는 일을 처음으로 부탁하는 경우에는 끝까지 아이의 행동을 지켜봅니다. 만약 아이가 애를 쓰는데 뭔가 잘 안 되는 것 같을 때는 아이의 체면을 세워 주기 위해서 아이 탓이 아닌 뒷문 탓을 합니다.

"문이 잘 안 열리죠? 뒷문 고리가 굉장히 빡빡해서 선생님이 돌려도 잘 안 되더라고요."

그래야 아이가 '내 능력이 부족해.'라는 생각에 빠지지 않습니다. 그런 뒤 어떻게 하면 문을 잘 열 수 있는지 자세하게 알려 주고 같이 몇 번 더 연습한 뒤에 혼자 해 볼 수 있도록 기회를 줍니다. 그럼 아이들은 방금 배운 것을 잘하고 싶어서 결의에 찬 눈빛으로 다시 한번 시도합니다. 그렇게 아이가 혼자서 뒷문 여는 것을 성공한 순간, "와, 기영이가 혼자 열었네요. 잘했어요. 이렇게 열면 되는 거예요!"라고 칭찬해 줍니다. 아이는 뭔가 대단한 일을 스스로 해냈다는 기쁨에 뿌듯해지지요. 그리고 "다음에도 뒷문이 잠겨 있으면 기영이가 좀 열어 줄 수 있을까요?"라고 아이에게 미션을 주면 아이의 인정욕구가 가득 채워집니다. 이후 뒷문이 잠겨 있으면 기영이가 가장 먼저 달려갑니다. 그리고 문을 연 뒤 어깨를 으쓱하며 친구들과 교사를 바라보죠.

지금 당장 뒷문을 여는 것도 중요하지만 아이가 앞으로 문제 상황을 마주했을 때 '난 못해!'라고 두려워하지 않고 용기를 내서 '한번 해 보자!'라는 마음을 갖도록 도와주는 것이 더 중요합니다. 뒷문을 어떻게 열어야 하는지 몰라서 혼자 끙끙대고 있을 때 곁에 다가와 따뜻하게 알려 주는 선생님이 있다면 아이는 깊은 신뢰감을 느낄 것입니다.

선생님의 하루 대화법

지각한 아이가 있을 때

등교 시간이 지난 시각, 교실 문을 열고 빼꼼 들어온 명호는 고개를 숙인 채 조용히 자기 자리에 앉습니다. 지각은 종종 일어나는 일입니다. 지각한 아이에게 "오늘 지각했구나."라는 뉘앙스의 말을 하지 않도록 주의하세요. 이는 현재 아이의 행동을 있는 그대로 표현한 것으로 생각할 수 있지만, 사실 '지각'이라는 단어 안에는 '정해진 시간보다 늦게 등교하다.'라는 의미와 함께 '규칙을 지키지 않음, 성실하지 않음.'과 같은 인성적인 의미가 내포되어 있습니다. 교사와 아이 사이에 신뢰 관계가 단단하면 아이가 교사의 의도를 잘 받아들일 수 있지만, 학년 초는 조금 다릅니다. 아이의 행동과 습관을 올바로 잡아 주기 위한 교육적인 지도를 '넌 성실하지 않은 아이구나.'라는 비난으로 오해할 수 있습니다.

지각하는 이유는 무척 다양합니다. 단순히 늦잠을 잤을 수도 있고, 학교생활에 힘든 점이 있어서 학교 주변을 배회하다 늦었을 수도 있고, 가정에서 돌봄받지 못하는 상황일 수도 있고, 부모님과 갈등이 생겨서 늦었을 수도 있습니다. 이유가 무엇이든 학교에 늦는 아이는 교사가 더 관심을 갖고 살펴봐야 합니다. 저는 지각한 아이에게 어떤 사정이 있는지 알아보는 것이 먼저라고 생각합니다. 그러기 위해서는 아이가 교사에게 마음의 문을 열고 자신의 속마음을 털어놓을 수 있어야겠죠.

우선 지각한 아이가 교실 문을 열고 들어설 때 무안함을 느끼지 않도록 왜 지각했는지 묻지 않고 무조건 반갑게 맞이합니다. 조금 늦었지만 그래도 학교에 잘 와 준 것이 고맙다는 마음으로요. 단, 지각이 권장할 만한 행동은 아니므로 비공개적으로 말을 거는 것이 좋습니다. 명호에게 가까이 가서 나지막한 목소리로 인사를 건넵니다.

"명호 왔구나. 밥은 먹고 왔나요?"
"늦어서 못 먹고 왔어요."
"아이고, 아침 못 먹어서 배고프겠어요."

그리고 아이에게 지금 해야 하는 것이 무엇인지를 알려 줍니다. 다른 아이들은 열심히 무언가를 하고 있는데 본인이 지각이라는 잘못을 했기에 차마 지금 뭘 해야 하는지 묻지 못하거든요. 그러니 필요한 것을 챙겨 가져다주면서 "지금은 국어 교과서 47쪽 수업 중이에요. 8절 도화지에 시를 쓰고 그림을 그리는 활동을 하고 있었어요."와 같이 아이에게 해야 할 일에 대한 정보를 전달합니다.

그다음에는 아이가 왜 지각을 했는지 알아보고, 앞으로 어떻게 하면 좋을지 이야기를 나눠 봅니다. 단, 등교 후 시간이 충분히 지나 아이의 마음이 편안해졌을 때 대화를 나누는 것이 좋습니다. 급식 시간 정도가 좋겠네요. 충분한 시간이 지난 후에 자연스러운 상황에서 아이에게 지각한 이유를 물어봅시다. 이때 아이에게 "오늘 왜 늦었어요?"라고 직접적으로 질문하기보다는 따뜻한 표정과 말투로 "혹시 ~해서 학교에 오기 힘들었나요?"라고 물어보는 게 좋습니다.

"명호야, 혹시 어제 늦게 자서 아침에 일어나기 힘들었어요?"
"네, 어제 새벽 3시에 자서 아침에 못 일어났어요. 아침에 부모님이 먼저 출근하셔서 저 혼자 일어나야 하거든요."

아이의 대답을 들은 후에는 그 내용을 정리해서 말하며 "어제 늦게 잤군요. 부모님이 모두 출근하셔서 혼자 아침에 일어나기 힘들었겠어요. 혼자 일어나는 건 쉬운 일이 아니죠. 내일 1교시에는 여름 곤충 만들기 수업을 하는데 우리 명호 만들기 좋아하잖아요. 오늘은 일찍 자고 내일은 9시에 등교할 수 있도록 노력해 봅시다."라고 시간 맞춰 학교에 오면 무엇이 좋은지 말해 줍니다. '그래! 내일은 늦지 말고 학교에 와야지!'라고 스스로 목표를 세우고 의지를 다질 수 있다면 아이의 행동과 습관에 조금씩 변화가 생길 수 있을 테니까요!

준비물을 챙겨 오지 않은 아이가 있을 때

새 학년이 시작되면 학생들이 개인적으로 준비해 와야 하는 물건들이 있습니다. 학급 운영 방식에 따라 종류가 조금 다르긴 하지만 모두 여러 사람이 함께하는 교실에 필요한 물건들입니다. 준비물 목록을 알려 주고 구체적으로 "3월 5일까지 준비물을 모두 챙겨 옵니다."라고 안내하는 것이 일반적입니다. 약속한 날 아이들이 챙겨 온 물건을 확인하는데, 준비물 목록에 있는 물티슈와 미니 빗자루를 챙겨 오지 않은 아이들이 꽤 보입니다. 이때 준비물을 다 챙겨 온 한 아이를 향해 "어머! 세윤이는 물티슈와 빗자루를 모두 다 잘 챙겨 왔네요."라며 다른 아이들에게 다 들리도록 칭찬하는 경우가 있습니다. 준비물을 다 챙

선생님의 하루 대화법

기지 못한 아이들에게 자극을 주려는 마음에서 비롯한 것일 텐데, 이 방법은 두 부류의 아이들에게 상처를 줄 수 있습니다.

첫째는 준비물을 다 챙겨 오지 못한 아이들입니다. 이 아이들은 '엄마한테 분명 사 달라고 했는데 왜 우리 엄마는 물티슈도 안 사 준 거야. 쳇!'이라며 부모님을 원망하거나 '왜 난 이 모양이지.'라고 자신을 탓하게 됩니다.

둘째는 칭찬을 받은 세윤이처럼 준비물을 잘 챙겨 온 다른 아이들입니다. 20명이나 되는 아이들 가운데 한 사람만 칭찬하면 '선생님은 세윤이만 좋아하나 봐. 나도 잘 챙겨 왔는데 쟤만 칭찬해 주고.'라는 생각을 할 수 있습니다.

결국 교사의 한마디는 칭찬받은 아이를 제외한 다른 아이들의 마음에 상처로 남을 수 있습니다. 이로 인해 교사와 다른 아이들의 관계가 나쁘게 흐를 수 있고, 아이들 간에 시기와 미움 등의 감정이 생길 수 있습니다.

모두가 준비물을 꼭 챙겨 오기를 바란다면 어떻게 말하는 것이 좋을까요? 그럴 때는 "오늘 물티슈와 빗자루를 챙겨 오지 못한 사람은 다음 주 월요일까지는 꼭 챙겨 옵니다."라고 원하는 것을 직접적으로 표현하면 됩니다. 만약 준비물을 챙겨 온 학생들은 칭찬해 주고 챙겨 오지 못한 학생들에게는 챙겨 오도록 안내하고 싶다면 다음과 같이 3단계로 말합니다.

① 우선 준비물을 챙겨 온 전체 학생을 칭찬합니다.

"3월 5일까지 준비물을 모두 챙겨 오라고 안내했었죠. 오늘까지 빠짐없이 준비물을 챙겨 온 친구들 모두 잘했습니다."

② 이후 준비물을 못 챙겨 온 아이들에게 다시 한번 기간을 명확하게 안내합니다.

"깜빡했거나 사정이 있어서 챙겨 오지 못한 친구들은 다음 주 월요일, 7일까지는 모두 챙겨 오도록 합니다. 다음 주 화요일에는 미니 빗자루로 교실 대청소를 할 예정이니까요."

③ 마지막으로 사정이 있는 사람을 위해 선생님에게 도움을 요청하는 방법을 알려 줍니다.

"만약 준비 시간이 더 필요한 사람은 선생님에게 개인적으로 와서 이야기하세요."

만약 세윤이를 칭찬하고 싶었다면 일대일로 조용히 말을 건넸어야 합니다. 다른 아이들의 행동을 교사가 원하는 방향으로 유도하기 위해 특정 아이의 행동을 지목해서 칭찬하는 방식은 눈에 보이지 않는 아이들의 마음에 상처를 줄 수 있다는 사실을 명심해야 합니다. 교사의 말 한마디는 교사와 아이들의 관계, 그리고 모든 아이의 관계를 만드는 도구입니다. 그 도구를 지혜롭게 사용하면 모든 학생의 성장을 이끌 수 있지만, 그렇지 않으면 관계와 마음을 깨뜨리는 위험한 도구가 될 수도 있습니다.

수업 준비가 안 된 아이가 있을 때

수업이 시작되었는데도 여전히 놀던 것을 정리하지 못하고 우왕좌왕하는 아이들이 있습니다. 친구들과 함께 게임을 하다가 자기 차례가 되었는데 쉬는 시간이 끝나 버리면 게임에서 빠져나오지 못하는 경우도 있습니다. 아이의 아쉬운 마음이야 이해하지만, 학교에는 규칙이 있습니다. 이럴 때는 교사가 개인적으로 말을 해서 가르쳐 주는 것이 좋습니다. 공개적으로 지도할 때는 전체 학생을 대상으로 가르쳐 주고 싶은 내용만을 명확하게 안내해 줍니다.

가령 수업 시간에 교과서를 펴지 않고 딴청을 부리는 아이의 행동을 교정하고 싶다면 "자, 아직 수업 준비가 안 된 친구들은 국어책 35페이지를 폅니다."라고 안내합니다. 그래도 교과서를 준비하지 않은 아이들이 여럿 있을 때는 다른 아이들이 그 두세 명에게 집중하지 않고 자신이 해야 하는 것에 집중하도록 전체 분위기를 이끄는 것이 중요합니다. 한 손에 교과서를 들고 자연스럽게 교실을 걸어 다니면서 "35쪽에 있는 이야기를 다 같이 소리 내어 읽어 보겠습니다."라고 하며 아이들이 수업에 집중할 수 있도록 이끌어 줍니다. 그와 동시에 아직 교과서 준비가 안 된 학생의 옆에 서서 아주 작은 목소리로 교과서를 준비하도록 말을 해 줍니다. 이때 주변에 있는 아이들이 교사가 이 아이를 지도하고 있다는 것을 눈치채지 못하도록 하는 것이 중요합니다. "세희야, 지금 우리 교과서 35페이지 하고 있잖아. 아직도 교과서를 안 꺼내고 있으면 어떡하니. 얼른 교과서 꺼내서 펴렴."이라고 말하는 대신 "국어 교과서를 꺼냅니다. 35쪽입니다."라고 말하는 것이죠. 그리고 세희의 교과서가 준비될 때까지 계속 아이들을 주시합니다. 종종 교과서를 가져 오지 않았거나 잃어버려서 책을 꺼내지 못하는 아이도 있기 때문입니다. 교사의 도움을 필요로 할 수도 있으므로 아이가 책을 꺼내서 펼치는 것까지 확인하는 것이 좋습니다.

아이는 선생님이 자신의 이름을 부르지 않음으로써 자존심과 품위를 지켜준 것을 알고 있습니다. 교사의 마음이 아이에게 닿아서 서로의 마음이 이어지면 아이는 다음 시간부터 교사의 말에 더 집중하고 더 잘하려고 노력합니다. 한 번에 바뀌지는 않더라도 아이가 애쓰고 노력하고 있다는 것을 믿어 줘야 합니다. 아이는 선생님의 사랑과 신뢰를 받음으로써 어제보다 오늘 더, 오늘보다 내일 더 성장할 것입니다.

선생님의 준비성이 필요할 때

체육 시간, 미술 시간 등 도구가 필요한 수업이 있지요. 전날 알림장에 "내일 체육 시간에 줄넘기 수업이 있습니다. 줄넘기를 꼭 챙겨 오세요."라고 적어 주었고, 전체 아이들에게 안내도 해 주었습니다. 그런데 다음날 체육 수업 직전, 한 아이가 "선생님, 저 줄넘기 안 가져 왔어요."라고 말을 합니다. 이럴 때는 어떻게 대답해야 할까요?

만약 아이에게 "선생님도 줄넘기 없어요", "그럼 방법이 없네요. 줄넘기는 못 하는 거죠." 등의 단절적인 방식으로 대답한다면 아이는 자신이 어려움에 처했을 때 해결할 방법이 없다는 생각에 낙담하게 됩니다. 무엇보다 어떻게 해야 할지 몰라서 당황스러움을 느낄 것입니다.

혹은 아이 스스로 문제점을 찾아보고 해결 방법을 생각해 보라는 취지로 "그래서 어떻게 할 건가요?"라고 되묻는다면 이 또한 아이를 곤경에 빠뜨리는 일입니다. 선생님의 허락 없이 아이가 원하는 방법대로 해결할 수는 없기 때문입니다. 아이가 생각한 해결 방법이 학교 물건을 사용하는 것이라고 해서 "그럼 학교 줄넘기가 있으니 그걸 사용할게요."라고 선뜻 말할 수 있을까요? 이러한 해결 방법은 교사가 허락했을 때만 가능한 방법입니다.

어른인 저도 중요하다고 꼭 챙겨야겠다고 생각한 물건을 챙기지 못할 때가 많습니다. 물론 사람의 성격에 따라서 자기 물건을 꼼꼼히 잘 챙기고 실수를 거의 하지 않는 사람도 있겠지요. 아이가 물건을 잘 챙기지 못한 것은 아주 작은 실수입니다. 앞으로 교사는 아이에게 더 큰 배움과 성장의 발판을 마련해 주어야 합니다. 줄넘기를 하면서 건강한 체력을 기르는 방법, 친구들과 줄넘기를 함께하면서 협력하고 소통하는 방법, 못할 거라고 생각했던 뒤로 넘기에 도전할 수 있는 용기, 뒤로 넘기가 생각대로 잘 안 돼서 포기하고 싶을 때에도 참고 이겨내는 힘을 기르는 것 등. 만약 줄넘기를 챙겨오지 못했다고 낙담하고 좌절하게 하면 아이는 더 중요한 배움의 과정을 경험할 수 없게 됩니다.

그래서 저는 학급운영비로 교육 활동에 꼭 필요한 수업 도구 여분을 구입해 둡니다. 여분의 줄넘기를 4개 정도만 구비해 두어도 언제든 아이들에게 도움을 줄 수 있습니다.

'이렇게 자기 물건을 안 챙겨 온 아이에게 자꾸 교사가 물건을 다 빌려주면 아이 스스로 물건을 챙기는 방법을 못 배우는 건 아닐까? 학교에서 기본 생활 습관을 가르치는 것도 중요한데.'라는 걱정이 들 수 있습니다. 하지만 자기 물건을 챙기는 방법은 교과서, 공책, 연필, 지우개, 필통, 실내화, 물통 등을 준비하는 과정에서도 이미 배우고 있습니다. 아이가 챙겨 와야 하는 물건 중에서 딱 하나 줄넘기를 놓고 온 것뿐이죠. 따라서 줄넘기 하나 때문에 스스로 '자기 물건도 잘 챙기지 못하는 아이'라고 생각하지 않도록 하는 것이 중요합니다. 선생님이 여분으로 둔 줄넘기를 빌려주면서 아이에게 따뜻한 한마디만 건네주어도 아이와 단단한 신뢰관계를 만들 수 있습니다.

"오늘은 선생님이 비상용으로 갖고 있는 줄넘기를 빌려줄게요. 다음 체육 시간에는 잊지 말고 챙겨 옵니다. 몸에 맞는 줄넘기로 연습해야 더 잘할 수 있거든요."

아이는 자신이 어려운 상황에 처했을 때 선생님이 외면하거나 비난하지 않고 도움의 손길을 내밀어 준 것을 기억할 것입니다. 그리고 마음속으로 다짐하지요. '다음에는 꼭 줄넘기를 챙겨 와야지!' 다음 체육 시간이 되었을 때 아이가 줄넘기를 챙겨 왔다면 그냥 지나치지 말고 "오늘 준호가 줄넘기를 잘 챙겨 왔네요. 정말 잘했어요. 오늘은 실력 발휘를 할 수 있겠는데요?"라고 관심 가득한 한마디를 건네줍니다. 그럼 아이는 선생님이 자신이 노력한 것을 알아준다는 생각에 자기 물건을 더 잘 챙길 수 있도록 노력할 것입니다.

물론 아이가 물건을 깜빡하고 오는 일이 잦다면 중요한 물건은 사물함에 두고 다니도록 안내해 주는 것이 좋겠지요. 또 매주 반복해서 물건을 잘 챙겨 오지 못하는 아이가 있다면 가정에 특수한 상황이 있을 수도 있으니 학부모님께 줄넘기를 잘 챙겨 보내 달라는 내용을 전달하는 것이 좋습니다.

선생님의 하루 대화법

★"옆 반에서 줄넘기 빌려 올게요!"

아이가 "선생님, 저 옆 반 ○○이한테 줄넘기 빌려 올게요."라고 말할 수도 있습니다. 혼나는 상황을 피하고 싶기 때문입니다. 그러나 물건은 언제든 고장 나거나 망가질 수 있습니다. 때로는 분실할 수도 있고요. 그럼 빌린 아이와 빌려준 아이 사이에 갈등이 생기게 됩니다. 빌린 줄넘기가 고장 났다면 새 줄넘기를 사 준다고 해결되는 문제가 아닐 수도 있습니다. 그 줄넘기는 처음으로 엑스자 뛰기를 성공한 소중한 물건일 수 있기 때문입니다. 그렇기에 다른 친구의 물건을 빌려서 사용하는 것은 지양하는 것이 좋습니다. 대신 교실의 공용 물건, 교사가 빌려줄 수 있는 물건을 적극 활용한다면, 아이와 신뢰 관계를 쌓는 데 도움이 될 것입니다.

서투른 아이, 연습이 필요할 때

가위질을 잘 못하는 아이에게 "종이를 별 모양으로 반듯하게 오려서 가져오세요."라고 하는 것은 불가능한 과제를 주고 '네가 알아서 해결해.'라고 하는 것에 가깝습니다. 이럴 때 스스로 하는 경험을 주고 싶다면 먼저 아이가 현재 겪는 어려움에 공감해 주고 곁에서 쉬운 단계부터 성공할 수 있도록 구체적인 목표를 알려 줘야 합니다. 어려워하는 부분이 있다면 아이의 손을 잡고 도움을 줍니다. 그 뒤에 도움 없이 혼자 힘으로 성공을 경험할 수 있도록 기회를 주고, 이후 혼자 연습하도록 합니다.

"가위로 종이 자르는 것이 참 어렵죠? 선생님이 가위를 잡는 방법부터 알려 줄게요. (가위로 몇 가지를 오린 뒤) 동그라미 몇 개만 더 오려 볼까요? (동그라미 몇 개를 오린 뒤) 이제는 성민이가 오리고 싶은 모양을 그려서 오려 볼래요? 저기 색종이 상자에서 성민이가 좋아하는 색종이 두 장을 골라 보세요. 다 오리면 선생님에게 보여 주세요!"

이러한 과정이 반복되면 아이의 마음속에 성취감이 쌓이고 자신감이 커지면서 혼자 해낼 수 있다는 용기가 생깁니다. 그럼 학교생활에서 무언가 스스로 결정하고 행동해야 하는 순간이 왔을 때 두려움 없이 해내게 되지요. '나도 할 수 있어!'라는 긍정적인 감정 효능감이 높아지면 아이들은 교사로부터 점점 독립하기 시작합니다. 물론 아이들 내면의 성장이 일어날 수 있도록 충분한 기다림과 노력이 필요하겠죠. 이렇게 성공의 경험을 만들어 주면 1학년 아이들도 웬만한 일은 혼자 해내는 모습을 볼 수 있습니다.

선생님의 하루 대화법

가정에서야 부모가 아이 한두 명을 양육하니 곁에서 살펴보고 도와주는 것이 가능하지만, 교실에서는 다수의 아이를 교사 한 명이 동시에 돌봐야 합니다. 그래서 저는 곁에서 도와주고 싶은 아이 중 매일 2명을 교탁 옆에 앉힌 후 아이 특성에 맞는 미션(번호 순서대로 학습지 정리하기, 오리기 및 붙이기 활동, 학습 안내문 만들기 등)을 줍니다. 동시에 다른 아이들의 요구에도 반응합니다. 다른 아이가 와서 "선생님, 수학 검사해 주세요.", "선생님, 저 배 아파요." 등 여러 가지 질문과 도움을 요청하면 곧바로 해결해 주고, 틈틈이 두 아이가 미션을 해내는 모습을 확인하며 한마디씩 건넵니다.

"여기까지 성공했네요. 그럼 우리 이번에는 동그라미를 오려 볼까요?"

만약 아이들끼리 다툼이나 사고가 생긴 경우에는 "얘들아, 이거 오리고 있으세요. 선생님은 2분단에 좀 다녀올게요. 어려운 부분은 서로 도와주면서 해 보고 있어요."라고 양해를 구하고 급한 일을 해결하고 옵니다. 이런 일은 언제든 생기므로 2명씩 짝을 지어 주는 편이 좋습니다. 그래야 교사가 잠시 자리를 비우더라도 함께 이야기도 나눌 수 있고, 서로를 보면서 배울 수도 있거든요.

> **★수줍음이 많은 아이들에게 줄 수 있는 미션의 종류**
>
> **① 정리 및 정돈 활동**
> 학습지 정리하기, 색연필 및 크레파스 정리, 책장 정리, 학급 용품 채우기.
> **② 오리기 및 붙이기 미술 활동**
> 학급 게시판 꾸미기, 이름표 만들기, 종이접기 미션, 색칠하기.
> **③ 학급 운영 도움 활동**
> 학급 신문 만들기, 학급 일정 정리, 수업 도우미 역할, 문서 정리.
> **④ 감성 및 배려 활동**
> 응원 카드 만들기, 칭찬 문구 쓰기, 감사 편지 쓰기, 교실 내 '마음 날씨' 기록하기(오늘 기분을 간단한 그림이나 색으로 표현하고 감정 표현하기), 칭찬 우체통.
>
> 이런 미션들은 수줍음이 많은 아이들에게 부담을 주지 않으면서 학급에 자연스럽게 참여할 수 있도록 돕는 활동입니다. 교사가 틈틈이 아이들에게 관심을 주고 격려하는 과정에서 아이들은 자신이 이 교실에 중요한 존재임을 느끼게 될 거예요!

아이들이 한바탕 떠들 때

교실이 떠나갈 듯 시끄러운 상황을 겪어 보신 적이 있나요? 아이들이 친구들과 재잘재잘 이야기하는 행동 자체는 자연스럽고 건강한 모습입니다. 그러나 20명이 넘는 아이들이 교실이라는 한정된 공간에서 각자 큰 목소리로 소리를 지르면 교사도, 아이들도 힘들 수 있습니다. 소리 지르며 말하는 아이들이 있을 때 "소리 지르지 마세요."라고 단호하게 지도해도 뒤돌아서면 바로 "야!" 하고 소리치듯 말하는 것을 보게 됩니다. 아이들이 소리를 지르면 조용한 아이들은 그 소음에 귀를 막기도 하고, 머리가 아프다고 호소하기도 하고, 괴로운 표정을 짓기도 합니다. 교사도 이 아이들을 어떻게 지도해야 할지 막막하죠.

사실 소리를 지르는 당사자는 자신의 목소리가 얼마나 큰지, 다른 친구들에게 어떻게 느껴지는지 모르는 경우가 많습니다. 때문에 그런 행동을 반복하기도 합니다. 그럴 때 특정 아이에게 "소리 지르지 마세요."라고 지적하기보다는 아이들과 **목소리 조절 능력 키우기 놀이**를 진행하는 것이 더 도움이 됩니다.

① 반에서 가장 목소리가 큰 아이에게 교실 맨 뒤에 서서 바로 앞에

있는 친구 2명에게만 들리도록 말해 보라는 미션을 줍니다.

② 아이가 "안녕!"이라고 말했을 때 그 목소리가 들린 친구는 조용히 손을 듭니다. 만약 2명이 아니라 10명의 친구가 손을 들었다면 미션 실패입니다.

③ 서 있는 아이, 말하는 단어, 문장을 듣는 사람의 수를 바꾸어 보며 목소리를 조절하는 연습을 놀이처럼 즐깁니다.

④ 놀이를 충분히 즐긴 뒤 목소리가 크면 도움이 되는 상황은 언제인지, 목소리를 작게 해야 하는 상황은 언제인지 토의해 봅니다.

이러한 활동으로 내가 마음먹기에 따라서 목소리를 크게 혹은 작게 할 수도 있다는 것, 목소리 크기를 조절하는 힘을 갖고 있다는 것을 경험을 통해서 인식하게 합니다.

목소리도 말의 한 부분입니다. 상황에 따라 어떤 목소리로 말해야 하는지 스스로 깨닫고 목소리 크기를 조절하는 것이 왜 필요한지 깊이 이해하는 것이 중요합니다. 그래야 아이가 자기도 모르게 큰 목소리를 낼 교사가 "지금은 목소리를 낮춰서 말합니다."라고 가르쳐 줬을 때 '아차! 지금은 작은 목소리로 말해야 하는 상황이지!' 하고 편안하게 받아들이면서 자신의 행동을 되돌아볼 수 있습니다. 그러면 조금씩 때와 상황에 맞게 자신의

　　　　　　　　　선생님의 하루 대화법

목소리를 조절하는 힘이 생기고 그에 맞는 말이 편안하게 나오기 시작합니다.

목소리 조절 능력 키우기 놀이를 할 때 아이들에게 꼭 알려 주는 것 중 하나는 목소리가 원래 작은 사람도 있고 큰 사람도 있다는 것입니다. 목소리가 원래 작으면 발표할 때 힘껏 크게 말해도 다른 사람이 듣기에 작게 들릴 수 있고, 반대로 원래 목소리가 크다면 작게 말한다고 했는데 다른 사람 귀에는 너무 크게 들릴 수도 있지요. 그러니 내 목소리를 기준으로 친구 목소리를 판단하기보다는 그 친구의 목소리가 원래 큰 편인지 작은 편인지를 이해하는 것도 중요하다고 알려 줍니다.

예를 들어 "목소리가 작은 친구가 발표할 때 듣는 사람은 어떻게 하면 좋을까요?"라고 질문하면 아이들은 "더 집중해서 들어요."라고 말합니다. 또 "옆 모둠에 들리면 안 되는 중요한 회의 중인데 목소리가 큰 친구 때문에 다 들릴 것 같은 상황입니다. 그때 그 친구에게 뭐라고 말해 주면 좋을까요?"라고 물으면 아이들은 ""다른 모둠에 안 들리도록 더 작게 말해 주면 좋겠어."라고 알려 줘요."라고 말합니다. 만약 "네가 목소리가 커서 옆에 모둠이 다 들리잖아!"라고 타고난 모습을 비난하면 그 친구에게 큰 상처가 될 수 있다는 것을 가르쳐 주어야 합니다. 사람은 모두 다르니 타고난 모습을 지적하거나 비난하지 않고 불편한 상황을 고칠 수 있도록 그 친구에게 친절하게 가르쳐 주는 방법을 알려 주는 거죠.

소리를 지르는 학생을 지도하는 데서 끝난다면 아이들은 자신의 목소리 크기를 조절하는 방법, 타고난 모습을 있는 그대로 인정하고 존중하는 법, 친구에게 친절하게 설명하는 방법 등을 배울 기회는 얻지 못합니다. 하지만 친구에게 친절하게 알려 주는 과정을 배우면 목소리가 작은 친구가 발표해도 "뭐라고 하는지 안 들려요."라고 말하며 목소리 작은 친구가 무안해지도록 하는 것이 아니라 평소보다 더 집중하는 모습을 보여 줍니다. 또 목소리 큰 친구와 모둠 활동을 할 때는 그 친구에게 "조금 더 작게 말해 주면 좋겠어."라고 목소리를 조절할 수 있도록 알려 주면서 서로의 다름을 존중할 수 있습니다.

만약 줄곧 소리 지르며 말하던 아이가 평소보다 작은 목소리로 말하는 행동을 보였을 때는 그 순간을 놓치지 말고 "오늘 민수가 친구들을 배려해서 목소리 조절을 열심히 해 주었네요." 하고 긍정적인 반응을 보여 주세요. 그러면 아이와 교사의 관계도 돈독해질 뿐 아니라 '나도 마음만 먹으면 목소리 크기를 조절할 수 있구나.' 하고 긍정적인 자아효능감을 얻을 수 있습니다. 무엇보다 교사의 진심이 아이의 마음에 닿으면서 교사와 아이 사이 마음의 거리도 가까워지고, 아이도 편안하게 자신의 목소리를 조절하는 힘을 기를 수 있을 것입니다.

행동 지도가 필요할 때

아이들이 뛰어다니거나 수업 시간에 딴짓을 할 때 교사는 그런 행동을 하면 안 된다는 것을 가르치고 잘못된 행동을 통제하기 위해 지시나 명령의 언어를 사용하는 경우가 많습니다. 예를 들어 "복도에서 뛰지 마세요.", "수업 종이 쳤습니다. 뒤를 돌아보거나 딴짓하지 마세요."라고 말하면서 엄격한 표정을 짓는 거죠.

이런 교사의 언어 표현에는 2가지 특징이 있습니다. 첫째는 잘못된 행동에 대해 "~하지 마세요."라는 부정적인 표현을 사용하는 것이고, 둘째는 꼭 해야 하는 행동에 대해 "~하세요."와 같은 지시와 명령의 어미를 사용한다는 것입니다. 누구나 부정적인 표현과 지시형의 언어를 들으면 스트레스를 받습니다. 그런데 하루에 열 번 이상 이런 표현을 듣는다면 기분이 어떨까요? 아이들도 교사의 말을 잔소리로 생각해 한 귀로 듣고 한 귀로 흘리며 관계가 점차 멀어질 수 있습니다. 또 교사에게 많이 들었던 표현은 다른 친구들을 대할 때 영향을 줍니다. 예를 들어 친구들에게 "선생님이 떠들지 말랬잖아!", "선생님이 뒤돌아보지 말랬잖아!"라는 부정적인 표현을 사용하기도 하고, "선생님, 얘 뒤돌아보고 딴짓해요!"라고 다른 친구의 행동을 고자질하기도 합니다.

그래서 저는 아이들을 지도하기 위해 지시나 명령 등의 통제형 언어 대신 아이들이 무엇을 해야 하는지 명확하게 알려 주는 **안내형 언어**를 사용하려고 노력합니다. "교과서를 펴세요." 대신 "교과서를 폅니다.", "자리에 앉으세요."를 "자리에 앉습니다.", "시끄럽게 떠들지 마세요." 대신 "조용히 집중합니다."라고 표현하는 것이죠. 어렵지 않지요? "~하세요."를 "~합니다."로 바꾸기만 하면 됩니다. 안내형 어미는 학생들에게 지시나 통제가 아닌 가르침, 교육을 받는다는 느낌을 줍니다.

또한 부정적인 표현보다는 긍정적인 표현을 쓰는 것이 좋습니다. "뛰지 마세요." 대신 "천천히 걸어갑니다."라고 말을 하지요. 사람은 어떤 말을 듣는 순간 머릿속에 그 이미지를 떠올린다고 합니다. "세상에 노란 코끼리는 없어요."라는 말을 들으면 머릿속에 노란 코끼리를 떠올리는 것처럼 말이죠. 그래서 자신이 해야 하는 행동을 떠올릴 수 있도록 아이가 해야 하는 행동을 짧고 명료하게 설명합니다.

예를 들어 뒤를 돌아보며 떠드는 아이를 지도할 때는 "앞을 보고 집중합니다."라고 최대한 간결하게 전달합니다. 그래야 아이들이 중요한 정보에 집중하고 행동으로 연결할 수 있습니다. 만약 교사가 "뒤를 돌아보지 말고 앞을 보세요. 선생님 말에 집중하는 시간입니다. 그래야 지금 배우는 수업 내용을 이해할 수 있습니다. 수업에 집중하는 친구에게 말을 건네면 다른 친구에게도 피해가 갑니다. 그러면 안 되겠죠?"라고 한다면 아이들은 앞을 보라는 말과 선생님에게 집중해야 수업 내용을 이해할 수 있다는 말, 다른 친구에게 피해가 간다는 말 중 어떤 것을 먼저 받아들여야 하는지 혼란스러워합니다. 학습 및 생활 태도에 관해 지도할 때는 아이에게 원하는 행동만 열 글자 내외로 명료하게 안내해 주세요.

훈육이 필요할 때

아이들을 지도하다 보면 간혹 속상할 때가 있습니다. 아이들이 "작년 담임 선생님이 훨씬 좋았는데."라고 비교하거나 열심히 준비한 수업에 대해 "아, 진짜 재미없네. 하기 싫어."라고 불평을 늘어놓는 등 버릇없고 예의 없는 행동을 할 때 더더욱 그렇죠.

아이들에게 대한 공감이 어려울 때 저는 '그럴 수도 있지.'라고 넘기려고 노력합니다. 아이가 저에게 "작년 담임 선생님이 진짜 좋았는데."라고 한다면 타인과 비교당했다는 생각은 잠시 내려놓고 "작년 선생님이 정말 좋은 분이었나 보군요." 하고 아이의 마음을 그대로 말해 줍니다. 그럼 아이들은 "네, 작년 선생님은 생일에 파티도 해 주셨어요."라고 작년 담임 선생님의 좋았던 점들을 풀어놓지요. 그러면 "그랬군요. 재밌었겠네요."라고 말하며 아이가 가진 좋은 추억과 기억을 인정해 줍니다.

만약 아이가 "우리 반도 생일파티 하면 안 돼요?"라고 말한다면 아이의 감정에 공감해 준 뒤 교사의 생각을 전달하면 됩니다. "생일파티가 하고 싶군요. 그런데 올해는 생일파티를 하는 건 좀 어려울 것 같은데요?"라고 말이죠. 아이가 실망해서 "치!

선생님의 하루 대화법

작년 담임 선생님은 해 줬는데."라고 삐죽이며 이야기할 수도 있습니다. 그럴 때는 아이의 입장에서 생각해 봅니다. 생일파티를 하고 싶은데 올해는 안 한다고 하니까 실망한 아이의 감정을 그대로 인정해 주는 거죠. 그리고 그 상황은 유연하게 넘어갑니다.

교사 앞에서 부정적인 표현을 많이 하는 아이들은 교사를 싫어한다기보다는 오히려 교사에게 더 많이 관심받고 싶은 마음을 거칠게 표현하는 경우가 많습니다. 그런 아이들의 행동을 하나하나 지적하면 오히려 선생님이 자신을 미워한다고 오해해서 신뢰가 깨지거나 관계가 틀어지는 일이 생길 수 있습니다. 예의 없는 언행을 했을 때 행동을 비난하는 말이나 화가 난 감정을 담아서 전달하지 않고 어떻게 행동해야 하는지 가르쳐 줍니다.

예를 들어 공책 검사를 하고 나눠 주는데 6학년 아이가 짜증이 가득한 표정으로 인사도 없이 한 손으로 공책을 휙 가져갔다면 "지호! 이리 다시 오세요. 지금 어떻게 공책을 받아 갔나요? 선생님이 주는 공책은 두 손으로 공손하게 받아 가는 거예요."라고 나무라기 쉽습니다. 그러나 '6학년이어도 아직 아이니까 잘 모를 수도 있지.'라고 생각하면 한결 여유롭게 가르칠 수 있습니다.

"지호야, 선생님이 공책 받아 가는 방법을 다시 알려 줄게요. 어른이 물건을 줄 때는 이렇게 두 손으로 받고 가볍게 인사를 하는 거예요."

교사가 가르쳐 준 대로 아이가 한 번에 바뀌지 않는다고 해도 '아이니까 한 번에 바뀌기 어려울 수 있지.'라고 생각하면 반복해서 가르쳐 주는 것에 대한 조급함이 사라집니다.

저는 이런 변화가 화려한 대화 기술이나 거창하고 어려운 상담 기법이 아니라 '그럴 수 있지.'라는 마음먹기에서 시작된다고 생각합니다. 아이들을 있는 그대로 인정하고 이해하려는 마음으로 바라보기 시작하니 교실에서 화가 날 일이 거의 없더라고요. 그러다 보니 아이들을 여유 있고 너그러운 마음으로 대할 수 있었습니다. 우리는 아이들이 "실수해도 괜찮아요.", "실수하면서 배우는 거예요.", "괜찮아요. 그럴 수도 있어요."라는 마음을 갖고, 실패를 두려워하지 않는 용기 있는 아이들로 자라나기를 바랍니다. 그러한 바람을 '아이니까 그럴 수도 있지.'라는 너그러운 마음 그릇에 담아 보면 어떨까요?

선생님의 하루 대화법

이동 중 복도에서 시끄럽게 떠들 때

복도에 나와서 줄을 서는데 아이들이 떠들 때 "지금 누가 떠드나요? 형우와 한성이 조용히 하세요."라고 이름을 부르면 그 아이들은 적대감이나 불공정함 등 부정적인 감정을 느낍니다. 그 순간 교사의 눈에 들어온 건 그 두 아이지만, 분명 다른 아이들도 떠들었을 테니까요. 굉장히 억울하고 속상한 감정이 드는데 그러한 일이 몇 번 반복되면 '맨날 나만 혼나.'라는 생각에 억울한 감정이 든 아이는 교육적 지도에 대해 반항, 저항 등의 공격적인 행동을 보일 수 있습니다.

그래서 저는 아직 서로에 대해 잘 모르고 아이들과 신뢰를 완전히 쌓지 못했을 때는 특정 아이의 이름을 부르지 않고 긴장감을 낮춰 주는 방법으로 지도합니다.

"복도와 교실은 다른 공간입니다. 어떤 점이 다를까요?"

"복도는 다른 반도 같이 쓰는 곳이에요."

"맞아요. 복도는 모두가 함께 쓰는 공간이죠. 그래서 교실에서 복도로 나갈 때는 특별한 준비가 필요합니다. 복도로 나가면 목소리의 크기를 낮춥니다. 복도를 조용히 지나가면 다른 반에게 도움이 되겠지요. 교실에서 복도로 나가는 뒷문을 넘어가는 순간 우리는 '변신'을 합니다."

이렇게 말한 뒤 뒷문에 서서 "이제 변신해 볼까요?"라고 안내해 줍니다. 여전히 복도에서 떠드는 아이들이 있다면 "모두 변신이 완료될 때까지 출발하지 않고 기다리겠습니다."라고 말한 뒤, 조용히 아이들을 바라보며 기다립니다. 그럼 차분하고 조용한 분위기가 조성되는데, 이 과정에서 누구도 억울한 기분이 들지 않는 것이 중요합니다.

'변신'은 몸이나 마음이 바뀌는 것을 뜻합니다. 아이들은 변신 로봇 장난감을 좋아하고, 코스튬을 입고 노는 것도 즐거워합니다. 변신은 보통 마법이나 마술, 만화나 영화, 게임에서 아이들이 자주 듣게 되는 말이죠. 따라서 변신이라는 단어에서 잔소리나 훈육이 아닌, 놀이하는 기분을 느끼게 됩니다.

학년 초에는 기본 생활 습관 지도를 하는 과정에서 아이들과 긍정적인 관계를 맺는 것이 중요합니다. 하지만 시간이 지나 아이들의 긴장감과 불안감이 낮춰지고, 교사와의 사이에서 친밀감과 신뢰감이 쌓이면 아이들은 교사가 지시나 명령의 언어를 사용하더라도 유연하게 받아들일 수 있게 됩니다. '선생님께

선생님의 하루 대화법

서 우리에게 올바른 것을 가르쳐 주시는구나.'라고 교사의 지도를 수용하고, 자기 행동을 돌아보며 어제보다 오늘 더, 바르고 건강한 모습으로 성장하기 위해 노력할 것입니다.

아이들이 더 놀고 싶다고 떼쓸 때

급식을 먹은 후 운동장에 놀러 나가면, 지정한 시간이 끝난 후 더 놀고 싶다는 아이, 이제 그만 놀고 싶다는 아이 등 의견이 분분합니다. 이때 교사가 목소리 큰 아이의 의견에 휩쓸리는 듯한 모습은 아이들을 더 흥분하게 만들어 "놀다 가요!"를 외치게 만들지요. 그럴 때는 아이들의 신난 마음에 공감해 주면서 지금 해야 하는 행동을 간략하게 안내하면 됩니다.

"오늘은 놀기에 정말 좋은 날씨였네요. 그렇죠? 즐겁게 노느라 시간 가는 줄도 몰랐네요.→**마음 공감하기**
각자 물통을 챙겨서 모입니다. 출석 번호대로 줄을 섭니다."→**해야 하는 행동 안내**

이렇게 해도 아이들은 "선생님, 더 놀면 안 돼요?", "옆 반은 우리보다 더 일찍 왔는데 아직까지 놀잖아요."와 같이 옆 반과 비교하거나 심할 경우 반항하기도 합니다. 아이들을 논리적으로 설득하려고 애쓰다 보면 오히려 논쟁하게 될 수 있습니다. 그러니 대수롭지 않은 듯 "옆 반은 그렇네요. 하지만 우리 반은 시간이 다 됐어요."라고 짧게 대답해 주고, "이번 주 금요일에 다시 나옵니다."라고 계획을 안내해 줍니다. 만약 예정된 계획이 없거나 다시 나오기 어려운 상황이라면 "상황 봐서 가능할 때 다시 나옵니다."라고 말해 주고 지금 해야 할 일, 즉 아이들을 줄 세우고 교실로 돌아가는 일을 하면 됩니다. "놀이 시간은 이제 끝났어요. 우리는 교실로 돌아갑니다."라고 말이 아닌 몸으로 대답해 주는 겁니다. 교사가 그 자리에 가만히 서서 아이들의 말에 하나씩 대답해 주다 보면 줄을 서서 기다리던 아이들까지 더 놀 수 있는 건지, 교실에 가는 건지 점점 혼란스러워집니다. 불필요한 여지를 주지 말고 행동으로 보여 주세요.

아이들이 자기 뜻대로 되지 않았다고 해서 예의 없는 행동을 하고 감정이 폭발하는 단계까지 오지 않도록 지혜롭고 유연한 대처가 필요합니다. "더 놀고 싶은데, 아쉽다."라고 중얼거리면서 불만을 표현할 수야 있지요. 그럴 때는 "그러게요. 아쉽네요."라고 짧게 공감해 주고 이런저런 말들은 못 들은 척하세요. 그리고 교실에 들어와서는 다음 수업을 위해서 준비해야 하는 것을 안내하면 됩니다. "손을 씻고 옵니다. 목마른 사람들은 물을 마십니다. 화장실도 다녀옵니다", "교실이 많이 덥죠? 창문도 열고 에어컨도 틀까요?", "잠시 쉬고 5분 뒤에 국어 공부 시작하겠습니다."라고요. 그럼 아이들은 더 놀고 싶어서 무척이나 아쉬웠던 마음을 접어 두고 선생님의 안내대로 다음 수업을 준비합니다. 여기는 집이 아니라 시간표대로 공부해야 하는 학교라는 사실을 아이들도 잘 알고 있으니까요.

물론 아이들 마음속에 조금은 서운하고 아쉬운 감정이 남아 있을 겁니다. 그래서 저는 다음 수업이 끝날 때쯤 "아까 더 놀고 싶은데 못 놀아서 아쉬웠죠? 공부할 때는 시간이 천천히 가는데 놀다 보면 정말 빨리 가는 것 같아요. 그래도 선생님 안내에 잘 따라 주고 국어 시간에 집중해서 열심히 공부하는 모습 멋졌어요. 다음에는 조금 더 길게 시간을 내서 나가 봅시다. 알겠죠?"라고 말합니다. 교사가 더 놀고 싶은 마음, 아쉬운 마음을 이해해 주고 공감해 주면서 노력한 것을 격려해 주면 다음에 이런 상황이 또 생겼을 때 아이들은 선생님께서 우리들 마음에 잘 공감해 준다는 것을 느낄 수 있을 테니까요.

아이들이 "왜 오늘은 안 돼요?"라고 물으면 "오늘은 다른 학년이 놀이터를 사용하는 날이에요." 또는 "오늘은 점심 시간에 교실에서 보드게임을 하려고 준비해 두었거든요." 등 이유를 간단하게 대답해 주세요.

이때 아이들에게 "지난번에 놀이터에 갔다가 싸웠잖아요. 그래서 당분간은 놀이터에 안 나갈 거예요."와 같이 말하는 것은 주의해야 합니다. 이는 특정 아이를 표적으로 세워서 다른 아이들이 그 아이를 미워하도록 하는 말이기 때문입니다. 또 "너희들이 싸우지 않겠다고 약속하면 나갈 거예요. 만약 싸우는 일이 생기면 그때는 바로 들어올 거예요."라고 협박하는 말도 하지 않는 것이 좋습니다. 교사의 의도는 싸우지 말고 사이좋게 지내라는 뜻이지만, 아이들은 "○○이 때문에 못 노는 거잖아."라며 특정 친구를 탓하거나 불안하고 긴장된 마음으로 그 시간을 보내야 하니까요.

아이가 질문한 것의 답을 모를 때

아이들은 호기심이 많아 질문이 끊이지 않습니다. 때로는 자신만의 상상의 세계에 대해서 말하기도 하지요. 그래서 교사에게는 엉뚱하고 이해하기 어려운 이야기로 들리기도 합니다. 사실 이런 아이들의 모습은 자연스러운 것으로, 상상력과 창의력이 풍부하다는 의미이기도 합니다. 그러나 현실에서는 한 아이의 이야기만 계속 들어줄 수도 없고, 그 아이가 하는 이야기를 완벽히 이해하고 대화를 이끌어 간다는 것이 어려울 수도 있습니다. 아이가 이런 이야기를 건넬 때, 어떻게 대답할 수 있을까요? 그리고 어떻게 존중하는 마음을 전할 수 있을까요?

저는 아이와 대화를 나눌 때 상대를 아이로 여기지 않고 어른으로 대하며 대화하려고 노력합니다. 가까운 친구나 연인, 동료와 대화할 때처럼 상대가 하는 말을 하나하나 귀담아듣고 그에 맞는 반응을 해 주려고 노력합니다. 아이들에게는 나름대로 진지하고 소중한 이야기인데 아이들의 말이니까, 어른의 기준에서는 별것 아닌 이야기처럼 들리니까 대수롭지 않게 듣고 흘려보내도 되는 이야기쯤으로 넘기기 쉽습니다. 그러나 이런 과정이 두세 번 반복되다 보면 아이는 자신이 교사에게 존중받지 못한다는 감정을 느끼고 어느 순간 자신의 이야기를 하지 않고, 교사의 이야기나 가르침도 수용하지 않습니다. 그래서 아이와 대화를 나눌 때는 아무리 엉뚱하고 사소한 말이라도 진지하게 관심을 갖는 것이 중요합니다.

이때 가장 중요한 것은 '호기심'입니다. 아이가 하는 말에 호기심을 갖지 않으면 전부 쓸데없는 이야기로 들리거든요. 가령

아이가 "선생님, 저 어제 아파트 연못에서 개구리 봤어요."라고
말하면 저는 '어떻게 아파트에서 개구리를 봤다는 거지? 신기하
네!'라는 마음으로 이야기를 나눕니다.

"정말? 아파트에 개구리가 살아요?"
"네, 진짜 봤어요."
"어떻게 생긴 개구리였어요?"
"청개구리 같았어요."
"와, 신기하다! 아파트 연못에 개구리가 살다니!"

이 정도의 대화만 나누어도 아이는 '선생님이 나에게 관심
을 갖고 내 이야기에 귀 기울여주시는구나!' 하고 느낍니다.
아이가 무언가 궁금해서 질문하는 경우에는 어떻게 대화를
나눌 수 있을까요?

"선생님, 달팽이는 수컷이 알을 낳아요?"
"달팽이? 그런 내용은 책에서 본 거예요?"
"제가 집에서 달팽이를 키우는데, 수컷인데 알을 낳았어요."
(이때 달팽이가 자웅동체라는 사실을 이미 알고 있더라도 바로 반박하면

안 됩니다.)

"정말? 선생님도 헷갈리네요. 그럼, 우리 반 척척박사님인 명수에게 한 번 물어볼까요?"

"네, 좋아요. 명수야 있잖아. 달팽이가……."

"응, 달팽이는 암수가 한 몸에 있어. 암컷, 수컷의 구분이 없어. 그러니까 달팽이는 모두 알을 낳을 수 있어."

"아하! 그렇구나. 고마워, 명수야! 역시 넌 척척박사님이야!"

이처럼 그 분야에 관심이 있는 아이가 있다면 함께 알아보도록 하는 방법이 있습니다. 또는 아이와 함께 인터넷이나 책 등을 찾아보면서 궁금증을 해결해 봅니다. 이때 주의할 점은 아이가 한 질문이나 대답에 틀린 부분이 있을 때 곧바로 "그건 네가 잘못 안 거야. 틀렸어."라고 대답할 게 아니라 "선생님도 헷갈리네요. 우리 같이 알아볼까요?"라고 말해 주는 것입니다. 저는 문제가 해결된 후에도 아이에게 "우리 ○○이가 질문한 덕분에 선생님도 더 자세히 알게 되었네요. ○○야, 고마워요!"라고 인사를 건넵니다. 그럼 아이는 자신이 선생님에게 도움이 되었다는 생각에 뿌듯한 마음을 느끼게 되지요.

아이가 한 질문에 대한 정답을 아는 것보다 아이가 궁금해하는 것을 함께 알아보는 과정이 더 중요합니다. 교사니까 모든 것을 다 알아야 한다는 부담감을 내려놓고 잘 모르는 질문에 대해서는 "선생님도 헷갈리네요(궁금하네요). 우리 함께 알아볼까요?"라고 말을 건네주세요. 그러면 아이는 선생님이 나의 사소한 질문에도 정성스럽게 대답해 준다고 느끼며 '우리 선생님은 나에게 관심이 정말 많으셔!'라고 생각할 테니까요. 아이는 선생님이 내가 물어본 것을 다 알고 있는지를 확인하러 온 것이 아니라 선생님이 나에게 관심이 있는지 마음으로 느끼고 싶어서 오늘도 선생님을 찾아온 것이랍니다.

실수한 아이를 달래 줘야 할 때

교실에서는 시시때때로 예상하지 못한 문제가 발생합니다. 등교하자마자 다쳤다는 아이, 친구의 물건을 떨어뜨리는 아이, 친구가 놀렸다고 화가 나서 우는 아이 등 수많은 문제가 벌어지는 곳이 바로 교실입니다.

한 아이가 책상 위에 남은 우유를 올려 두었다가 바닥에 쏟는 일이 생겼습니다. 이때 어떻게 문제 상황을 바라봐야 할까요? "바닥에 쏟은 우유를 닦으세요." 또는 "우유는 뜯었으면 다 마시고 우유 통에 넣어야죠. 먹다 말고 책상 위에 올려 두면 안 됩니다."라고 훈육을 한다면 어떨까요?

교실에서 문제 상황이 벌어졌을 때 훈육하고 가르치는 기회로 접근한다면 교사는 아이의 행동에서 잘못된 점을 지적하고, 앞으로 아이가 문제 상황이 생기지 않으려면 어떻게 해야 하는지 설명하는 말을 하게 되겠죠. 이때 아이의 마음을 한 번 생각해 볼까요? 우유를 쏟는 순간, 아이는 그 교실에서 가장 당황하고 놀란 사람입니다. 이미 무엇이 문제인지 스스로 인지하며 자책하고, 어쩔 줄 몰라 하고 있을 것입니다. 그런 아이에게 교육이라는 이름으로 잘못을 다시 한번 지적하면 아이 마음 속에는 실수에 대한 두려움, 스스로 부끄럽게 여기는 감정이 생겨납니다.

교사가 아이들에게 가르쳐 주고 싶은 것 중 하나는 '실수해도 괜찮아. 실수하면서 배우는 거야.'라는 마음일 것입니다. 그래서 저는 문제 상황이 발생했을 때야말로 가르침을 멈추고 아이를 진심으로 걱정하는 마음과 아이의 감정에 대해 공감해 주는 기회로 삼아야 한다고 생각합니다. 앞서 설명한 것처럼 우유를 쏟은 상황이라면 "주리가 많이 놀랐겠다. 우유는 닦으면 돼요. 옷에 묻지는 않았나요? 옷이 많이 젖었으면 선생님이 갖고 있는 여분의 옷을 빌려줄까요?"라는 식으로 대화를 이끕니다. 놀란 아이의 마음을 보살펴 주면서 실수해도 보호받는 기분, 괜찮다는 감정을 느끼도록 해 줍니다.

저는 교실에서 벌어지는 문제 상황은 교사와 아이가 사이에 신뢰관계를 만들 절호의 기회라고 생각합니다. 아이가 실수하고, 틀리고, 두렵고, 긴장되고, 어떻게 해야 할지 몰라 당황했을 때야말로 "실수해도 괜찮아요."라고 말해 줄 기회입니다. 그때야말로 교사와 아이의 마음이 서로 맞닿을 테니까요.

하루를 마무리할 때

여러분은 어떤 아침 인사로 하루를 여시나요? 보통 아침 9시가 되면 모두와 인사를 나누며 하루를 시작합니다. 첫인사는 교사와 학생이 친밀감을 높이는 방법이기에 아이들이 좋아하는 인사법을 선택하는 것도 좋은 방법입니다. 손가락 하트를 날리며 하는 인사부터 "안녕하세요.", "좋은 아침입니다.", "열심히 공부하겠습니다.", "사랑합니다." 등 학급 특성에 맞게 다양한 인사법으로 하루를 시작하는 방법도 있습니다.

인사는 교사와 학생이 주고받는 친밀감을 쌓는 가장 기본적인 방법이죠. 그럼 끝인사는 어떻게 하고 있나요? 첫인사만큼 중요한 것이 끝인사인데, 아무리 기분 좋게 하루를 시작해도 이런저런 사건 사고로 기분이 가라앉으면 끝인사는 무미건조하게 끝나거나 훈육으로 마무리되기 쉽습니다. 중요한 안내 사항을 전달하는 것도 필요한 일이지만 하루의 마무리에 훈계가 가득하다면 아이들은 오늘 하루는 혼만 났다고 기억하게 됩니다. 분명 즐겁게 수업도 했고 재미있게 놀기도 했을 텐데 말이죠.

이처럼 아이들의 감정에 크게 남는 것 중 하나가 바로 하루를 마무리 짓는 시간에 교사가 한 말입니다. "오늘 학교에서의 하루는 어땠나요?"라는 질문에 아이들은 하루를 마무리한 그 시점의 교사의 표정과 태도, 친구들의 모습, 학급의 분위기를 기억하는 경우가 많거든요. 그러니 교사가 학생들의 잘못된 행동을 지도하는 내용으로 종례한다면 아이들은 긴장감 가득한 교실에서 불안하고 두려운 감정을 느끼며 빨리 교실에서 도망치고 싶다고 생각할지도 모르죠.

그래서 저는 여러 일로 지치고 힘든 시간이었다고 해도 내일 즐겁고 편안한 마음으로 교실에 들어설 수 있도록 노력합니다. 유난히 다툼과 갈등이 많았던 하루는 "오늘 우리 친구들이 속상한 일들도 있었지만, 마음도 잘 다독이고 친구들의 마음도 이해하려고 많이 노력했어요. 모두 함께 노력한 덕분에 나와 다른 친구를 이해하고 함께 어울리는 방법을 하나씩 배워 갈 수 있는 소중한 하루였다고 생각합니다. 우리 반 친구들이 노력한 모습을 칭찬해 주고 싶습니다. 내일도 건강한 모습으로 다시 만나요!"라고 인사해 줍니다. 좋은 끝인사의 예로는 다음과 같은 말도 있습니다.

"6교시까지 딱딱한 의자에 앉아서 공부하느라 힘들었죠? 오늘 하루도 열심히 노력한 우리 모두에게 박수를 치며 마무리할까요?", "오늘은 역사 단원을 새롭게 배우느라 힘들었을 텐데 집중해서 배우려고 하고, 서로 배려하는 모습이 멋있었습니다. 열심히 공부한 나 자신의 머리를 쓰다듬으면서 마무리할까요? 모두 수고했습니다."

처음엔 조금 어렵겠지만 선생님만의 따뜻한 메시지로 아이들을 격려하면서 행복한 하루를 마무리해 보세요.

선생님의 하루 대화법

부끄러움을 느끼는 순간 보듬어 주기

체육 시간에 얼굴에 공을 맞은 상황에서 아이가 울지 않고 "괜찮아요!"라고 하면 교사는 그 상황을 무심코 지나칠 수 있습니다. 하지만 아이들은 민망하고 부끄러운 감정을 숨기기 위해서 아픈 것을 참기도 합니다. 이때 어떻게 하면 아이의 감정을 보듬어 줄 수 있을까요?

① 아이의 놀란 감정을 먼저 살펴 줍니다.

아이에게 다가가 "지혜야, 얼굴에 공을 맞아서 많이 놀랐죠? 많이 아팠겠어요." 하고 위로와 공감을 해 줍니다.

② 아이가 느꼈을 부끄러움, 민망함, 속상함에 공감해 줍니다.

"지혜가 괜찮다고 말하긴 했지만, 여러 사람이 보고 있어서 아프다고 말하기가 어려웠을 거예요. 지혜 마음 이해해요."라고 말하며 아이가 직접 표현하지 못한 감정에 공감해 줍니다.

③ 아이를 존중하는 마음을 표현합니다.

"얼음찜질하면서 마음이 좀 괜찮아질 때까지 선생님이 옆에 있어 줄게요. 괜찮아지면 선생님한테 이야기하고 다시 들어가서 친구들이랑 경기해 봅시다." 하고 배려해 줄 수 있습니다. 아이의 성향에 따라서 친한 친구가 함께 있도록 배려해 줄 수도 있습니다.

소심한 아이와 친밀감을 쌓고자 할 때

소심한 아이들의 경우 학년 초에 긴장을 많이 하고 불안도가 높은 경우가 많습니다. 자기 자리에만 앉아 움직이지 않는 모습을 보이기도 합니다. 이 아이들에게 중요한 건 '이 교실은 위험하지 않아.'라는 안전함을 느끼게 해 주는 것입니다. 아이에게 안전함이란 내가 어려움에 처했을 때 믿고 의지할 수 있는 선생님이 함께함을 느끼는 것입니다. 소심한 아이는 선생님과 가깝다고 느끼면 정서적으로 안정감을 가질 수 있습니다. 그래서 소심한 아이와 신뢰 관계를 쌓을 때는 아이와 가깝게 연결되는 것, 즉 아이와 친밀감을 쌓는 것부터 시작해야 합니다.

소심한 아이를 칭찬할 때

아이와 친밀감을 높이는 데 가장 빠르고 좋은 방법은 **칭찬**입니다. 하지만 불안도가 높거나 수줍음이 많은 아이에게는 칭찬의 말이 오히려 심리적인 부담감을 줄 수 있습니다. 다음에도 잘해야만 칭찬받을 수 있다는 생각이 들기 때문입니다.

선생님의 하루 대화법

이런 땐 아이가 부담감을 느끼지 않도록 편안한 칭찬부터 시작하는 게 좋습니다. 그중 한 가지 방법은 아이의 물건을 칭찬하는 것입니다. 예를 들어 아이의 책가방에 곰돌이 키링이 달려 있다면 "어머, 곰돌이 키링 귀엽다."와 같이 물건을 칭찬하는 겁니다. 소심한 아이들은 자신의 물건을 직접 고르는 경우가 많습니다. 취향이 담긴 의미 있는 물건이니 교사가 물건을 칭찬해도 자신이 칭찬받은 것처럼 느낄 수 있습니다.

아이가 지닌 물건에 나타난 변화를 알아봐 주는 것도 좋습니다. "어제는 머리띠를 안 하고 왔는데 오늘은 하고 왔네요!"와 같이 말이죠. 아이가 보내는 **시각적인 정보**를 적극 활용해 보세요.

친밀감이 쌓이는 순간, 사소한 것을 기억해 줄 때

소심한 아이와 라포를 쌓는 방법 중 하나는 **'공통점 연결하기'**입니다. 아이가 좋아하는 것에 관심을 보이며 "선생님도 ○○이처럼 그런 걸 좋아하는데."라고 말해 주면 친밀감을 높일 수 있습니다. 예를 들어 아이가 분홍색 필통을 사용한다면 "지윤이는 분홍색을 좋아하는군요. 선생님도 분홍색을 좋아해요. 칠판에 붙어 있는 자석도 분홍색이잖아요!"라고 말할 수 있습니다. 또 다른 예로 자동차 관련 책을 읽고 있는 아이에게 "형철이는 자동차에 관심이 많군요. 선생님 아버지도 자동차를 좋아하세요."이라고 말해 주면 아이는 선생님과 비슷한 점이 많다고 느끼며 자연스럽게 선생님과 가까워졌다고 생각할 것입니다.

친밀감을 높이는 또 다른 방법은 아이의 사소한 이야기를 기억해 주는 것입니다. 사람에게 감동받는 순간 중 하나는 바로 내가 말한 사소한 것을 상대방이 잊지 않고 기억해 줄 때입니다. 아이들도 다르지 않습니다. 특히 소심한 아이는 교사가 자신의 일상 속 사소한 것, 즉 취향을 기억해 주면 선생님을 가깝게 느낍니다. 다만 소심한 아이들은 먼저 다가와 자기 이야기를 하는 경우가 적기 때문에 평소 아이의 학교생활을 관찰하는 것이 중요합니다. 사소해 보이지만 부담스럽지 않게 느껴지는 작은 관심을 하나씩 표현해 줄 때 아이 마음의 문이 열리면서 친밀감을 쌓을 수 있답니다.

눈빛, 표정, 몸짓을 읽어야 할 때

아이의 눈빛, 표정, 몸짓 등을 **비언어적 메시지**라고 합니다. 소심한 아이는 말로 자신을 표현하는 것을 어려워하기도 합니다. 그래서 몸짓, 표정 등으로 교사에게 메시지를 전달하려는 아이의 마음을 읽으려는 노력이 필요합니다.

누군가 나의 힘든 마음을 먼저 알고 배려해 준다면 어떨까요? 고맙고 그 사람에 대한 신뢰가 생길 겁니다. 새 학년이 시작하면 교사는 물은 언제 마시고, 화장실은 어떻게 이용하고, 책은 어떻게 정리하는지 기본생활에 대해 안내해 줍니다. 그런데 소심한 아이들은 어느 정도 안정감이 생기기 전까지는 혹시라도 자신이 잘못해서 주의나 지적을 받을까 봐 교사의 허락을 받아 안전하게 행동하려고 합니다. 묻기라도 하면 다행이지만 눈치만 보고 자신이 원하는 바를 해내지 못하는 경우도 있습니다. 이런 상황 때문에 아이의 비언어적인 메시지를 읽는 것이 중요한 것입니다.

이럴 때는 아이가 보내는 비언어적 메시지를 읽고 안내해 주어야 합니다. 포인트는 아이의 이름을 지목하지 않고 안내만 해 주는 것입니다. 이름이 불리는 것만으로도 위축될 수 있기 때문이죠. 대신 아이의 눈을 바라보고 눈 맞춤을 하면서 정확하게 안내를 들었는지 확인합니다. 아이의 어려움을 읽고 있다는 마음도 잘 전달되도록 합니다. 교사가 이렇게 아이의 어려움을 읽어 주면 아이는 '선생님은 나를 도와주시는 분이구나.'라고 생각하겠지요.

소심한 아이에게 역할을 제안할 때

혼자 있는 아이나 친구들과 어울리지 못하는 아이를 보면 그 아이의 학교 적응을 돕기 위해 여러 가지 방법을 고민합니다. 예를 들어 다양한 교실 활동이나 역할을 제안해 소속감을 느끼며 적응하도록 도와줄 수 있겠죠. "민지야, 학급 행사 기획하는 것을 친구들과 같이 해 보면 어때요?", "이번 수업 시간에 민지가 발표하는 것 어때요?", "민지는 그림 그리는 것을 좋아하니까 디자이너 역할을 해 보면 잘할 것 같아요!"와 같이 제안할 수 있습니다.

하지만 아이가 "싫어요. 안 할래요."라고 거절할 수도 있습니다. 설령 교사의 제안에 동의해 교실 활동에 참여하더라도 얼마

지나지 않아 부담을 느끼고 그만두고 싶어 할 수도 있습니다. 이러한 상황이 반복되면 '아이가 하고 싶어 하지 않는구나.'라는 생각이 들 수도 있습니다.

그러나 소심한 아이는 처음부터 큰 역할이 주어지면 자신이 없어 시도해 보지 못하고 포기하는 것일 수도 있습니다. 이때 아이에게 필요한 것은 '용기의 계단'입니다. 소심한 아이가 새로운 것을 시도하려면 작은 활동부터 시작하는 것이 좋습니다. 예를 들어 평소 쉬는 시간에 공책에 그림을 그리며 색칠하기를 좋아하는 아이에게는 "민지는 그림을 잘 그리니까 우리 반의 디자이너를 해 볼래요?"라고 제안하는 대신 "선생님이 사과 모양 시간표를 만들고 있는데 사과 모양 3개를 빨간색으로 색칠해 줄 수 있을까요?"와 같이 작고 명확한 제안을 하는 것입니다. 처음부터 큰 임무를 제안하면 걱정과 두려움에 시도조차 어려워하지만, 쉬운 활동부터 단계적으로 제안할 때는 '이 정도는 해볼 수 있을 것 같다.'라는 자신감에 시도해 볼 수 있을 테니까요. 아이의 작은 발걸음이 모여서 큰 성장의 걸음이 되도록 따뜻하게 응원해 주세요!

★소심한 아이가 듣고 싶어 하는 말

소심한 아이는 긴장감이 조금씩 풀리고 편안함을 느끼기 시작하면 교사에게 다가와 자기 이야기를 털어놓기 시작해요. 그때 아이의 이야기를 잘 들어주고 대화가 끝난 뒤 이렇게 말해 보세요.

"선생님은 지아랑 이야기 나누는 게 참 즐거워요! 우리 다음에 또 이야기 나눠요."

이 한마디가 아이의 마음에 깊이 남을 거예요. '선생님이 나와 함께 한 시간을 좋아하셨구나!' 하는 행복한 느낌과 함께 선생님에 대한 신뢰와 애정이 자연스럽게 커질 테니까요!

산만한 아이와 교감이 필요할 때

산만한 아이라고 하면 정리가 안 된 책상, 복도에서 뛰어다니는 모습, 큰 소리로 떠드는 모습이 떠오릅니다. 산만한 아이들은 기본 생활 습관, 학습 태도, 교우 관계 등 지도할 것이 많습니다. 아무리 반복 지도해도 아이가 변하지 않으면 '내가 안 무서워서 그런가?', '너무 친절하기만 했나?', '좀 더 단호하게 훈육하지 않아서 그런가?' 등의 고민이 생길 수 있습니다. 이것은 훈육의 관점에서 바라보았을 때 아이를 돕는 방법일지도 모릅니다. 하지만 신뢰 관계를 형성하는 관점에서 바라보면 다른 해법을 찾을 수 있습니다. 산만한 아이가 마음속에서 '난 우리 선생님과 함께 있을 때 정말 행복해.'라는 내적인 행복감을 느끼면 교사의 지도를 수용하고 따르려고 하는 모습을 볼 수 있습니다.

아이들의 요구를 전부 들어주며 친밀감을 쌓거나 놀이나 게임 같은 것을 해 줘서 즐거움을 얻자는 것은 아닙니다. 교사와 아이 관계에서 느끼는 행복감은 아이 마음 깊은 곳에 있는 인정의 욕구가 채워지면서 느껴지는 행복감입니다. 산만한 아이들의 경우 주변으로부터 인정받고 싶은 마음은 큰데 현실은 반대인 경우가 많습니다. 그래서 늘 다른 사람으로부터 인정을 갈구합니다. 교사가 아이의 마음속 깊은 인정 욕구를 채워 주면 내적인 만족감이 커지며 교사와의 관계를 소중하게 지키려고 합니다. 그리고 그다음부터는 교사의 지도에 귀 기울이고 따르면서 행동에도 변화가 보이기 시작합니다.

산만한 아이를 훈육해야 할 때

산만한 아이들은 주변 친구들과 떠들거나, 수업 준비가 잘 안 돼 있거나, 뛰어다녀서 지적을 받는 경우가 많습니다. 새 학년이 되어 긴장이 더해지면 과잉행동을 하기도 합니다. 교사 입장에서 산만한 아이가 이러한 행동을 보이면 당연히 교육적인 지도를 해야 하지요. 그런데 아이 입장에서는 새 학년이 되자마자 주의를 받으면 '올해도 글렀네.', '선생님한테 찍혔군.', '왜 맨날 나만 혼나?' 이런 생각이 들 수 있습니다. 교사에게는 교육적 지도지만, 아이에게는 선생님과의 관계가 깨진 것이지요. 3월 초는 아직 신뢰관계가 쌓이지 않은 상태거든요.

이런 상황이 몇 차례 반복이 되면 어느 순간부터 산만한 아이는 '선생님은 나를 싫어하는 것 같아.'라는 생각으로 마음의 문을 닫을 수 있습니다. 마음의 문이 닫힌 아이는 교사의 교육적인 지도와 훈육을 거부할 수 있습니다. 아이가 '선생님은 어차피 나한테 관심도 없으면서. 내 상황도 모르면서.'라고 생각하고 있다면 그 어떤 가르침도 마음에 닿기 어려울 것입니다.

긍정적인 관계 맺기를 위해서는 무엇보다 관계의 첫 단추를 잘 끼우는 것이 중요합니다. 3월 초에는 일대일 신뢰 관계를 쌓기 위해 훈육 이전에 **'인정하기'**부터 시작합니다. 훈육과 인정하기 순서를 바꿔 주는 것이죠. 그렇다고 지도를 하지 않는 것은 아닙니다. <u>3월 초에 지도가 필요한 상황이 생기면 전체 학생을 대상으로 합니다. 그리고 아이와 일대일 관계에서는 칭찬할 부분, 인정할 부분을 먼저 찾아보는 것이 중요합니다.</u> 인정할 만한 것을 찾기 어려울 때는 아이가 자랑하는 것을 귀담아듣고 인정해 주면 됩니다. 활발하고 적극성이 높은 아이라면 아이가 흘리는 **청각적인 정보**를 활용할 수 있습니다. 가령 친구에게 "나 어제 뭐 했다!"라고 자랑하는 내용을 잘 기억해 두었다가 인정해 주는 것입니다. "세호야, 어제 축구할 때 두 골이나 넣었다면서요? 대단해요!"라고요.

산만한 아이와 대화할 때

인정으로 인해 아이는 선생님과 꽤 가까워진 느낌을 가질 것입니다. 하지만 이것만으로 아이가 가진 인정 욕구가 모두 채워져 '선생님이랑 있으니까 정말 행복하다.'라는 감정까지 이어지지는 않을 것입니다. 아이와 더 깊고 단단한 유대감을 쌓기 위해서는 아이가 더 자랑할 수 있도록 이끌어 주는 것이 좋습니다. 아이는 늘 더 자랑하고 싶지만 친구들이 대꾸해 주질 않으니 늘 자랑에 목마릅니다. 그런데 교사가 아이의 자랑에 관심을 가져 주니 신이 납니다. 선생님께 이것저것 자랑하다 보면 스스로 멋진 사람, 대단한 사람이 된 것 같거든요. 이렇게 자랑 보따리를 풀어놓았을 때 교사로부터 공감과 인정을 받으면 인정 욕구가 충분히 채워지면서 진심으로 행복감, 만족감을 느낍니다.

어떻게 하면 아이가 더 자랑하도록 이끌 수 있을까요? 바로 앞서 소개한 꼬리물기 대화법을 응용하는 것입니다. 이번에는 **질문을 던져 주는 겁니다.** 질문으로 대화를 잘 이끌어 주면 아이들은 자신을 인정해 준 도움이 되고 싶은 마음에 "제가 알려 드릴게요.", "제가 도와드릴게요."라고 무엇이든 나서는 경우가 많습니다. 만약 아이의 도움이 필요치 않은 상황이라면 아이의 따뜻한 마음이 다치지 않도록 "다음에 기회가 되면 꼭 부탁할게요."라고 대화를 마무리하는 것을 추천합니다. 1분 정도의 짧은 시간일지라도 신나게 자랑하며 선생님과 시간을 보낸 아이의 마음속에는 행복감, 만족감이 쌓입니다. 결국 긍정적인 마음가짐과 태도로 학교생활을 잘 해내려는 모습을 볼 수 있죠. 교사는 많은 아이를 신경 써야 하니 일주일에 한두 번이라도 이런 대화를 나눌 수 있다면 좋습니다.

산만한 아이, 정리가 필요할 때

수업을 시작했는데 산만한 아이의 책상이 정리되지 않은 상태일 때가 있습니다. "수업과 관련 없는 물건은 정리하세요."라고 지도가 필요한 상황이죠. 이때 주변의 다른 아이들이 자신에게 집중하는 것처럼 느끼면 산만한 아이는 긴장해 허둥지둥 교과서를 급하게 꺼내다가 책상 서랍 속 물건을 우수수 떨어뜨리기도 하고, 교과서를 찾지 못하기도 합니다. 다른 아이들 눈에는 그 아이가 수업을 방해하는 것으로 보일 수도 있겠죠.

아이에게 정리하는 법을 가르쳐 수업에 잘 참여하도록 지도하는 것은 꼭 필요한 일입니다. 하지만 이를 한 번에 고치기란 어렵습니다. 어른도 작은 말버릇, 사소한 습관 하나를 고치려면 많은 시간과 노력이 들잖아요. 당연히 아이에게도 시간이 필요합니다.

그래서 3월 초에는 아이가 혼나는 일을 줄여 줌으로써 친구들 앞에서 당황하는 상황을 예방할 수 있습니다. 먼저 아이와 신뢰를 조금씩 쌓으며 변화할 수 있는 시간을 주고 반복해서 가르치면, 산만한 아이들도 차근차근 자신의 힘으로 해낼 수 있습니다.

그 방법중 하나로 '개인 창고'를 이용하도록 합니다. 수업 종이 쳐서 놀던 것을 갑자기 정리하려면 아이가 자기 물건도 못 찾을뿐더러 정리도 더 어려워집니다. 그러니 작은 상자나 바구니를 개인 창고로 사용하도록 해 주는 겁니다. 산만한 아이들은 어른들로부터 이미 충분히 지도받은 상태입니다. 그러므로 교실에서만큼은 천천히 자기 힘으로 할 수 있도록 기다려 주어야 합니다. 무엇보다 이 시간 동안 산만한 아이가 다른 친구들에게 수업을 방해하는 아이로 보이지 않도록, 아이가 기분 좋게 수업에 참여할 수 있도록 주의나 지도를 받지 않게 해 줍니다.

산만한 아이를 칭찬할 때

어떤 아이들은 겉으로는 씩씩하고 자신감 넘쳐 보입니다. 그러나 산만한 행동으로 인해 주의나 지적을 받는 일이 많다 보니

선생님의 하루 대화법

자존감이 낮은 경우가 많습니다. 아이가 집중력과 자기 조절의 힘을 키워 가기 위해서는 정서적 안정과 내적인 행복감을 채워야 합니다. 학습과 생활면에서 성장을 도울 수 있는 희망의 언어는 거창하고 대단한 말이 아닌 다음의 세 글자만으로 충분할지도 모릅니다.

"최고다!"
"멋지다!"
"잘했어!"
"대단해!"
"좋았어!"

아이는 이 말만으로도 든든한 응원을 받습니다. 산만한 아이와 라포를 쌓을 때 주의할 것은 이미 수백 번이나 같은 말을 들었을 아이에게 결론만 얘기할 게 아니라 앞뒤 맥락을 자세하게 한번 짚어 주는 것입니다. 거기에 아이를 걱정하는 마음으로 설명을 덧붙이면 좋습니다. 아이는 머릿속으로 이해되어야 자기 행동을 조절하려는 의지를 가질 수 있습니다.

공격적인 아이와 대화할 때

　공격적인 아이는 교사에게 먼저 다가오는 일이 드뭅니다. 잘 못을 저지르면 훈계와 지도를 받은 경험이 대부분이고, 선생님과 끈끈한 유대감을 쌓거나 기분 좋은 경험을 가진 적이 별로 없기 때문입니다. 인간관계는 대화에서 시작됩니다. 특히 교사와 유대감을 느껴 본 적이 없는 아이와 관계를 만들어 가기 위해서는 아이의 삶에 관심을 가지고 일상적인 대화를 나누려고 노력해야 합니다. 평소 아이와 이런저런 이야기를 나누면서 관심도 표현하고 친밀감도 쌓아 가는 것이죠. 단 아이와 대화할 때 마무리를 "앞으로 이렇게 하기로 약속해요."로 끝내는 것은 신뢰 관계를 쌓는 데 좋지 않다는 점을 유의해야 합니다. 선생님이 자신을 좋게 봐서가 아니라 약속과 다짐을 받아 내기 위해 대화했다는 생각을 갖게 되면 이후 대화를 피할 수 있기 때문입니다.

　아이와 유대감을 쌓는 대화란, 아이를 삶을 이해하기 위해서 아이와 교감을 나누는 친교여야 합니다. 일상적인 대화로 아이와 교감을 나누다 보면 교사와 아이 사이의 라포가 조금씩 쌓이는 것을 느낄 수 있습니다. 라포가 쌓이면 어느 순간 이야

선생님의 하루 대화법

기를 하면서 아이가 미소를 띠고 웃기 시작하는 순간이 옵니다. 이는 마음의 문이 열렸다는 긍정적인 신호입니다. 그때부터는 조금 더 편안하게 대화하면서 요즘 힘든 일은 없는지, 무엇을 좋아하는지 등을 물어보고 칭찬도 하면서 신뢰를 쌓아 갑니다. 이렇게 교사와 아이가 신뢰를 쌓으면 교우관계에서 겪는 어려움이나 공격적인 행동에 대해서도 좀 더 진솔한 대화를 이어 나갈 수 있습니다. 아이가 자신의 힘든 이야기를 솔직하게 꺼내기 시작하면 바로 그때가 아이의 성장을 도울 수 있는 절호의 기회입니다. 아이는 자신의 약한 부분을 되돌아보고 조금 더 멋진 사람으로 성장할 수 있는 배움을 경험할 수 있을 것입니다.

감정 조절이 필요할 때

3월 새 학년이 시작하면 아이는 올해는 모두와 잘 지내고 싶다는 각오로 교실에 들어옵니다. 그렇게 며칠 잘 지내다가 거친 말이 나오는 첫 번째 순간이 있습니다. 이때 공개적으로 단호한 지도를 하면 눈앞의 행동은 통제되지만, 공격적인 아이 입장에서는 '이번에도 나는 나쁜 아이구나.'라는 좌절감으로 더 나은 사람이 되려고 했던 마음을 포기할 수 있습니다. 열심히 노력했지만 '역시 난 안 돼!'라는 실망감이 들면 다시 일어서는 힘을 잃어버릴 수 있습니다. 실패하더라도 포기하지 않고 다시 노력할 때 아이는 성장할 수 있습니다. 그래서 처음으로 거친 말을 하게 된 순간 그동안의 노력을 포기하지 않도록 유연하게 대처해야 합니다.

아이가 용기를 내도록 같은 반 친구들의 공감을 통한 위로를 받는 기회를 만들어 줍니다. 단순히 "지금 화나는 거 이해해요."라는 말보다 아이들이 비슷한 경험을 꺼내 함께 이야기를 나누고 공유하는 과정을 통해 자연스럽게 친구들로부터 공감과 위로를 받는 것을 의미합니다. '나만 그런 게 아니구나.'라는 생각이 들면 큰 위로를 받게 되니까요. 이렇게 위로를 받은 아이는 '이 친구들을 잃으면 안 되겠다. 앞으로 친구들에게 나쁜 말을 하지 않도록 더욱 노력해야지!'라는 마음으로 다시 일어설 용기를 얻습니다. 반 아이들의 공감을 이끌어 내기 위해서는 교사와 반 전체에 단단한 신뢰관계가 깔려 있어야 합니다. 공격성을 보이는 아이가 좌절과 실패를 마주했을 때 포기하지 않고 다시 일어설 수 있도록 도와준다면 자기 조절의 힘을 키울 수 있을 것입니다.

선생님의 하루 대화법

공격적인 아이의 존재감을 빛내 줄 때

아이가 노력의 끈을 놓지 않도록 마음을 붙잡아 줄 수 있는 희망의 언어는 "○○이가 있어서 좋아요!"입니다. 아이는 '쟤만 없으면 우리 반이 더 즐겁고 행복할 텐데.'라는 시선을 느끼며 '어차피 이 교실에는 내 친구는 없어.', '이 교실은 내 교실이 아니야.', '나랑 상관없는 애들인데 뭐 어쩌라고!' 하는 마음으로 교실에 있을지도 모릅니다. 그런데 자신의 존재를 인정받고, 교실 안에서 소속감을 느끼며, 선생님과 친구들과의 관계에서 유대감이 쌓이면 마음속에서 작은 변화가 시작될 수 있습니다.

'너는 우리 반에서 꼭 필요하고 너무나 소중한 존재야!'라는 메시지를 계속 전달하며 소속감을 줄 수 있는 방법으로 아이가 좋아할 만한 작은 무언가를 찾아 넌지시 부탁을 해 볼 수 있습니다. 체육을 좋아하는 아이라면 "찬수야, 배드민턴 라켓이 몇 개인지 확인하는 것 좀 도와줄 수 있을까요?"라고 할 수 있겠죠. 아이에게 도움을 받고 나면 "찬수가 우리 반에 큰 도움이 되었어요. 고마워요. 선생님은 찬수가 우리 반이라서 정말 좋아요!"와 같은 말 한마디를 덧붙이는 겁니다. 이 짧은 한마디는 소속감과 애정을 느끼게 해 줍니다. 무엇보다 교사와 아이 사이에 긍정의 감정이 싹틉니다. 이때 반 아이들이 찬수를 좋은 친구로 바라볼 수 있도록 칭찬을 덧붙입니다. 예를 들어 찬수가 라켓 정리를 도와준 후, 교사는 그 결과물이 아이들 눈에 보이게 해야 합니다. 교사만이 아이의 노력을 인지하는 것이 아니라 반 전체가 그 아이의 노력을 자연스럽게 알 수 있도록 주변에 큰 목소리로 말해 주는 것이 좋습니다.

"선생님이 바빠서 라켓 정리를 다 못했는데 찬수가 정리 다 해 두었어요. 여러분, 찬수가 라켓 정리한 것 봤나요?"

이렇게 아이의 노력하는 모습을 인정하고 칭찬을 보내면 아이들은 그 모습을 긍정적으로 받아들입니다. 또한 인정과 칭찬이 이어지는 가운데 아이 역시 '그래, 다시 노력해 보자!'라는 희망을 가질 수 있습니다.

★공격적인 아이와 라포 형성하기

① 관심 표현하며 대화 나누기
"서준이는 요즘 뭐가 제일 재미있어요? 선생님은 서준이가 좋아하는 게 궁금하거든요!"

"오늘 급식 메뉴는 무엇일까요? 선생님은 비빔밥이 좋은데, 서준이는 어떤 메뉴를 좋아해요?"

"서준아, 오늘 기분이 좋아 보여요. 무슨 좋은 일이 있는지 궁금하네요!"

② 부담스럽지 않게 칭찬 건네며 대화 나누기

"어제 서준이가 운동장에서 친구들이랑 축구하는 걸 봤어요. 슛을 하는데 공이 휘어서 가더라고요! 서준이 축구하는 모습이 정말 멋지던데요!"

"서준이가 종이접기한 거 봤어요. 메뚜기를 어떻게 접었어요? 어려웠을 텐데 말이에요. 대단해요!"

"쉬는 시간에 친구들이랑 이야기하던데 무슨 이야기 했어요? 궁금하다!"

③ 아이가 좋아하는 것으로 기회 제안하기

"서준이가 공책에 그린 그림 봤어요. 정말 멋지던데요! 서준이가 그린 그림이 우리 교실에 걸려 있으면 참 좋을 것 같아요. 다음에 우리 반 추억을 그려 보는 건 어떨까요?"

★거친 말을 했을 때
  실수를 보듬어 줄 수 있는 따뜻한 말

① 아이의 감정을 인정하고 다독여 주세요.

"순간 화가 나서 말이 툭 나왔나 봐요. 병찬이도 깜짝 놀랐겠어요!"

② 아이의 진짜 마음을 이해해 주세요.

"지금까지 화가 나도 참으려고 애쓰고, 열심히 노력해 온 걸 선생님도 알고 친구들도 잘 알고 있어요. 사람은 누구나 실수할 수 있어요. 중요한 건 포기하지 않고 다시 노력하는 마음이에요."

③ 차분히 마음을 정리하도록 도와주세요.

"화가 나면 하고 싶은 말보다 더 세게 나올 수 있어요. 그럴 때는 마음이 진정될 때까지 시간을 가져야 해요. 병찬이가 진짜 하고 싶은 말을 생각해 본 후에 선생님이랑 같이 이야기해 보면 어떨까요? 선생님은 병찬이가 하고 싶은 말이 뭔지 궁금하고, 듣고 싶어요. 언제든지 준비되면 말해 주세요. 선생님은 병찬이 마음이 진정될 때까지 기다릴 준비가 되어 있으니까요."

아이들에게 서로에 대한 예의를 가르칠 때

20명이 넘는 아이들이 함께 지내는 교실에서 서로 존중하며 지내려면 어떻게 해야 하며 무엇을 가르쳐야 할까요? 저는 또래 관계에서의 예절, 즉 '또래 에티켓'이 가장 기본이라고 생각합니다. 서로 마땅히 지켜야 하는 마음가짐과 몸가짐, 말투 등을 지도하지 않으면 아주 사소한 일로도 서로 감정이 상하고 갈등이 생기기 쉽습니다.

특히 '이름 부르기'는 또래 에티켓의 첫 단추입니다. 교실에서 아이들이 나누는 대화를 가만히 듣다 보면 많이 들리는 말이 있습니다. '쟤가', '네가'로 친구를 부르거나 '가져 와/갖다 놔.', '이거 해/저거 해.', '네가 먼저 그랬잖아!', '야!'와 같이 명령하는 것입니다. 그렇다고 "야, 우리 이거 하고 놀자!"라는 목소리가 들릴 때마다 "선생님이 친구한테 '야!'라고 부르지 말라고 했지요. 친구의 이름으로 불러 보세요."라고 지도하면 별생각 없이 튀어나온 말인데 괜히 놀자고 했다가 혼만 났다는 생각이 들 것입니다. 친구와 놀고 싶었던 좋은 마음 대신 짜증과 화만 투영될 수도 있겠죠. 그동안은 "야!"라는 말을 써도 혼날 일이 없었는데 갑자기 상황이 바뀌니 이해가 안 될 수도 있고요.

선생님의 하루 대화법

이런 상황에서 지도와 훈육의 목적은 아이가 예의를 지키는 방법을 배워 친구들과 잘 지낼 수 있게 도와주기 위함입니다. 나무라는 것보다 교사의 지도를 귀담아듣고 잘 받아들일 수 있게 차근차근 설명하는 것이 좋습니다. 설명할 때도 친구를 "야!"라고 부른 아이를 지목하는 것보다 아이가 부르려고 한 친구가 누구인지 살펴본 후, 그 친구의 이름을 넣어서 "하은아, 하고 친구의 이름으로 부릅니다."와 같이 가능한 한 구체적인 방법을 제시합니다. 이렇게 말하면 교사가 잘못한 아이를 직접 지목하지 않아도 스스로 '나에게 하는 말씀이구나. 내가 또 '야!'라고 했네!' 하며 깨닫게 됩니다. 그리고 바로 "하은아, 나랑 같이 놀래?"라며 예의를 갖춰서 다시 말을 건네는 모습을 볼 수 있습니다.

아이들 간의 다툼이나 갈등이 생겨 지도할 때는 특히 "쟤가 먼저!", "네가 먼저 했잖아.", "난 가만히 있는데 얘가 저를……." 과 같이 친구를 표현하는 경우가 많습니다. 그럴 때는 잘잘못과 관계없이 친구를 이름으로 불러야 한다고 가르쳐 줍니다. 화가 났을 때 상대방을 함부로 대하면 더 깊은 상처를 주기 때문입니다. 서로 예의를 지키는 것부터 차근차근 가르치면 다툼 상황에서도 상대방에 대한 분노, 짜증, 화와 같은 감정이 더 폭발하지 않도록 도울 수 있습니다.

3월 초에 아이들에게 이렇게 말을 합니다.

"여러분은 모두 세상에서 가장 멋진 자기만의 이름을 가지고 있습니다. 친구를 부를 때는 그 친구의 소중한 이름을 부릅니다. 만약 서로를 "야!"라고 부르면 어떤 기분이 들까요? 선생님이 여러분의 예쁜 이름 대신 "야!"라고 부르면 어떤 기분이 드나요?"

그리고 아이들과 자세히 이야기를 나눠 봅니다. 예를 들어 '이사랑'이라는 친구 이름을 '이사'라고 줄여서 부르거나 '김하민'이라는 친구를 '김하마'라고 바꿔서 부르는 것도 예의가 아니라는 것을 함께 가르쳐 줍니다.

아이들이 스스로 깨달으면 잘못된 행동이 점차 줄어듭니다. 다만 머릿속으로 이해했다고 해서 바로 행동의 변화까지 이어지지는 않습니다. 그러니 "혹시 나도 모르게 "야!"라고 불렀다면 "미안해, 실수야!"라고 즉시 사과하고, 다시 친구의 이름으로 부릅니다."라고 대처 방법도 알려 줍니다. 한 달 정도 지나면 서로의 이름을 자연스럽게 부르기 시작합니다. 3월 첫 주에 서로의 이름을 부르는 기본 예의만 가르쳐 주어도 아이들 관계에서 변화가 보이기 시작합니다. 인간관계에서 서로의 이름을 불러 주는 건 가장 기본적인 예의입니다. 사소해 보이지만 서로를 존중하는 마음으로 이름을 부르는 예의를 지킬 때, 더 나은 관계로 나아갈 수 있습니다.

아이가 명령하는 말투를 쓸 때

이름을 부르는 것이 또래 에티켓의 첫걸음이라면 두 번째는 **부탁하는 표현을 사용하는 것**입니다. 아이들에게는 "이거 줘.", "내놔!", "가져 와.", "네가 해!"와 같이 명령하고 지시하는 습관이 있는데요. 명령하는 말투로 친구에게 말을 하면 듣는 아이의 기분이 상하게 되고, 어느 순간 다툼으로 번질 수도 있습니다. 말한마디로 천 냥 빚을 갚기도 하지만, 한마디로 커다란 상처를 받을 수도 있습니다.

그런데 아이들은 욕은 잘못된 행동이라고 생각하지만 명령하고 지시하는 언어 습관은 문제로 인식하지 않습니다. 때문에 "너도 나한테 이렇게 말했잖아. 그러니까 나도 너한테 이렇게 말하는 거야."라는 태도로 또래관계가 점점 어긋나는 것입니다.

만약 아이들이 서로 명령하듯이 말하는 모습이 보인다면 "친구에게 말할 때는 명령하지 말고 친절하게 말하세요."라고 지도할 수 있습니다. 이때 아이 입장에서는 '친절하게 말하는 것'이 무엇인지 이해하기 어려울 수 있습니다. 어떤 아이들은 화내지 않고 욕이나 나쁜 말을 안 하면 친절한 것이라고 생각합니다. 그러니 어떻게 말하는 것이 친절하게 말하는 것인지 자세히 가르쳐 줘야 합니다. "친구에게 무언가 해 달라고 할 때는 부탁하는 말로 합니다."라고요. 이어서 부탁하는 말이 어떤 건지 정확하게 이해하고 행동으로 연결할 수 있도록 교실에서 자주 마주하는 상황을 몇 가지 알려줍니다.

"준비물을 가져와야 하는데 너무 바빠서 친구에게 가져와 달라고 말하고 싶을 때는 "네가 내 것도 가져와!"라고 할 게 아니라, "나 지금 도움이 필요해. 혹시 ~해 줄 수 있을까?"라고 말하는 겁니다."라고 알려 줍니다. 친절하게 말하는 게 어떤 건지 잘 몰라서 언어 습관을 고치는 것이 어려웠던 아이들은 예시를 알려 주면 언어와 태도를 바로 수정합니다. "이거 해 줄 수 있을까?"라는 부탁의 말은 아이들도 마음만 먹으면 얼마든지 해낼 수 있거든요. 아이들 간에 명령하는 말, 지시하는 말 대신 서로에 대한 예의를 갖춰서 부탁하는 말을 사용하기 시작할 때 비로소

선생님의 하루 대화법

태도와 관계가 변화하면서 건강한 관계로 나아갈 수 있습니다.

★"고마워"라는 인사말

부탁하는 말과 함께 가르쳐 줘야 할 것은 "고마워."라는 인사말입니다. 예를 들어 친구에게 "색종이 좀 가져다 줄 수 있을까?"라고 부탁했는데 부탁대로 색종이를 챙겨 왔을 때는 필요한 색종이만 휙 가져가는 게 아니라 "고마워."라고 감사 인사를 해야 합니다. 그 친구가 나를 위해서 기꺼이 자신의 시간과 노력을 내어 줬으니까요. 우리 아이들이 상대방의 친절과 호의를 당연하게 생각하지 않고 고마움을 표현할 수 있는 마음가짐과 태도를 기르도록 가르치는 것은 아주 중요한 부분입니다.

자기 생각을 강요하는 아이가 있을 때

아이들이 생활 속에서 겪을 수 있는 불편한 상황은 다양합니다. 그중에서 저는 2가지, **강요하기**와 **관심 빼앗기** 상황에 대한 예시를 들어 구체적으로 안내해 줍니다.

강요하기는 아이들끼리 어떤 결정을 할 때 "난 이거 할 테니까 넌 저거 해."라는 지시나 명령의 방식으로 친구를 대하는 것입니다. 예를 들어 색종이를 한 장씩 나눠서 갖는 상황에서 자기가 갖고 싶은 색을 먼저 고른 아이가 "내가 빨간색 할 테니까 넌 파랑색 해."라고 지시하는 것이죠.

이렇게 지시와 명령하는 방식으로 친구를 대하는 태도가 상대방에게 어떤 기분을 느끼게 할지 아이들과 자세한 이야기를 나눠 봅니다. "얘들아, 짝꿍이랑 색종이 색을 정하려고 하는데 한 사람이 먼저 갖고 싶은 색을 고르고, 짝에게 남은 색을 하라고 했다면 친구 마음은 어떨까?"라고 물어보면 아이들은 "기분 나빠요. 자기만 좋은 거 했잖아요."라고 답합니다. 아이들도 이것이 자기중심적인 행동이란 것을 다 알고 있습니다.

또 다른 예로 "강아지와 고양이 역할이 있어. 그때 한 친구가 일방적으로 "내가 강아지 할게. 네가 고양이 해."라고 하면 친구의 마음은 어떨까?"라고 아이들이 실제로 겪을 수 있는 구체적인 상황을 예시로 들어 줍니다. 그다음에 함께 이야기를 나눠 보며 "그 친구는 속상할 수 있겠다.", "슬픈 마음이 들겠다." 등의 감정을 나누고, 자기중심적인 사고와 행동에서 벗어나 타인에 대한 존중과 배려하는 관계로 나아갈 수 있도록 도와줍니다.

선생님의 하루 대화법

발표 중 관심을 빼앗는 아이가 있을 때

강요하기와 함께 불편한 상황으로 알려 주는 것이 관심 빼앗기인데요. 관심 빼앗기란 한 아이가 발표를 하고 있는데 갑자기 다른 아이가 큰 목소리로 자기 이야기를 하는 것입니다. 그럼 주변의 아이들이 발표하는 아이에게 집중하지 못하고 관심을 끄는 행동을 하는 아이에게 집중하게 됩니다. 이런 상황이 바로 관심 빼앗기 상황입니다. 교실에서 흔하게 볼 수 있는 장면이죠. 관심 빼앗기 상황도 강요하기와 마찬가지로 구체적인 상황을 예시로 이야기해 줍니다.

"여러분! 친구가 동시를 발표하려고 나왔어요. 자기가 쓴 시를 발표하러 앞에 나오면 기분이 어떨까요?"

"엄청 긴장돼요!"

"그렇겠죠? 발표를 막 시작했는데, 갑자기 자리에 앉아 있던 한 친구가 축구 이야기를 시작하는 거예요. 그랬더니 주변 친구들도 같이 떠들기 시작해요. 앞에 나와 있는 친구의 동시는 잘 듣지 않고 축구 이야기만 하는 거죠. 그럼 앞에 나온 친구의 마음은 어떨까요?"

"속상해요. 내 이야기를 안 들어주니까요."

어리지만 아이들 역시 감정을 가지고 있고 무엇이 중요한지 잘 알고 있습니다. 여기에 "맞아요. 용기를 내서 나왔는데 속상하겠죠. 이렇게 친구를 향한 관심을 나에게로 돌리는 행동을 '관심 빼앗기'라고 해요. 이렇게 관심을 빼앗는 건 친구를 불편하게 하고, 다른 사람들까지 방해하는 행동이에요."라고 덧붙여 가르쳐 줍니다. 관심 빼앗기는 수업 시간뿐만 아니라 아이들끼리 놀 때도 자주 일어나기 때문에 다른 예시도 같이 들어줍니다.

"예를 들어 세 친구가 서로 좋아하는 연예인 이야기를 하고 있었어요. 1번 친구가 이야기하고, 2번 친구가 이야기하고, 이제 3번 친구가 이야기할 차례예요. 3번 친구가 "난 가수 ○○을 좋아해."라고 말을 시작하려는데, 갑자기 1번 친구가 2번 친구에게 "너 어제 떡볶이 먹었다며? 맛있었어?"라고 다른 이야기를 하는 거예요. 3번 친구에게 향할 관심을 빼앗은 거죠."

이렇게 자세히 설명하면 아이들은 상황을 스스로 인식할 수

선생님의 하루 대화법

있게 되고 자신의 행동을 돌아보면서 다음부터는 친구를 존중하는 방법을 배울 수 있습니다.

스스로 깨닫게 할 때

앞에서 본 불편한 상황에서는 교사의 교육적인 지도도 필요하지만, 아이들이 직접 자신의 불편함을 알릴 수 있는 힘을 키워 주는 것도 중요하다고 생각합니다. 그래야 갈등이 생기거나 불편한 상황과 마주했을 때 자기 힘으로 문제를 해결할 수 있을 테니까요.

먼저 습관처럼 했던 행동이 다른 친구를 불편하게 하는 행동이었다는 것을 자각해야 합니다. 그래야 자신의 행동을 돌아보고 고치기 위해 노력할 수 있으니까요. 하지만 이때 아이에게 "지금 ○○이의 행동은 친구의 관심을 빼앗는 행동이에요."라고 직접 표현하면 아이는 이를 비난으로 생각해 마음의 문을 닫을 수 있습니다. 그러므로 아이가 스스로 깨닫도록 유도해야 합니다.

예를 들어 친구가 발표할 때 딴짓하는 아이에게 교사가 "그

건 관심 빼앗기 행동이라고 가르쳐 주었죠."라고 하면 이후 비슷한 상황이 벌어졌을 때 반 아이들이 "선생님이 그건 관심 빼앗기 행동이라고 했잖아.", "지금 수진이 발표하잖아. 선생님이 친구 발표할 때는 떠들지 말라고 했잖아."라고 하거나 "선생님, 얘 떠들어요.", "딴짓해요."라며 서로를 고자질하는 모습이 나타날 수 있습니다. 이런 상황이 벌어지면 지적받은 아이는 화가 나서 "저만 떠든 거 아닌데요? 쟤도 떠들었어요."라고 서로 비난하고 다툴 수 있습니다. 아이들은 자신이 잘못을 했더라도 누군가 날 지적하고 비난한다고 느끼면 상대를 더 날카롭게 공격하고 저항하는 행동을 보일 수 있습니다. 그러니 상대 친구가 비난받는 기분이 들지 않도록 표현하는 방법을 구체적인 멘트와 함께 알려 주도록 합시다.

관심 빼앗기 상황이 생겼을 때 해당 아이에게 "떠들지 마세요." 대신 "지금은 승우에게 집중하는 시간입니다. 승우에게 집중합니다."라고 지도합니다. 그리고 반 아이들에게도 친구가 집중하지 못할 때 친구에게 말하는 멘트를 알려 줍니다. 이때 포인트는 딴짓하는 아이의 이름을 부르지 않고 집중해야 하는 아이의 이름을 말하는 것입니다. 간단한 표현이지만 딴짓하던 아이도 비난받는 감정이 들지 않고 장난을 치던 다른 아이들도 모

선생님의 하루 대화법

두 발표자에게 집중할 수 있죠.

　강요에 대해 지도할 때는 아이들이 나쁜 마음으로 친구에게 강요하는 것이 아니라 누구나 자기가 좋아하는 것을 하고 싶은 마음이 있으니 그런 말이 입 밖으로 나올 수도 있다고 알려 줍니다. 그래야 서로를 이해하는 마음으로 다정하게 대화를 나눌 수 있습니다.

　아이들에게는 좀 더 구체적인 상황을 제시할 수도 있습니다.

　"모둠 친구들이랑 역할극을 하는데 엄마, 아빠, 동생 역할이 있어요. 만약 내가 엄마가 하고 싶다면 하고 싶은 역할을 먼저 찜할 수 있잖아요. 그렇게 서로 하고 싶은 역할을 찜하면 조용히 있던 친구는 남는 역할을 할 수밖에 없죠.

　누구나 자신이 하고 싶은 것을 먼저 고르고 싶어 합니다. 조용한 친구도 마음속으로는 하고 싶은 역할이 있지만, 말하지 못했을 뿐이에요. 친구가 표현하지 못하고 있을 때 "난 엄마 역할 할게. 넌 동생 역할 해." 하면서 남는 역할을 하라고 할 게 아니라 "난 엄마 역할이 하고 싶은데, 넌 어떤 역할이 하고 싶어?"라고 상대 친구의 마음을 물어보아야 합니다."

불편한 상황에 대해서 아이들 스스로 인식할 수 있도록 지도하면 강요하기나 관심 빼앗기 행동이 점차 줄어드는 모습을 볼 수 있습니다. 이는 반 전체 아이들이 모두 자신이 하는 행동을 불편하게 느낄 수 있다는 것을 알았기 때문이에요. 그전에는 친구에게 강요해도 그 친구가 가만히 있으니까 자기 행동의 문제점을 인식하지 못했겠죠. 하지만 이제는 자기 중심으로 행동하고 친구에게 강요하면 친구의 기분이 나쁘다는 걸 깨닫습니다. 또 그 사실을 모두가 알고 있기 때문에 자신의 행동을 고치려고 노력합니다. 내내 끌려가기만 하던 아이도 내가 겪는 것이 건강한 관계가 아니라는 것을 깨닫고 자신의 목소리를 내려고 노력하게 됩니다.

교우관계의 보호가 필요할 때

승우는 오늘도 교사 주변을 맴돕니다. 교사 근처에서 빤히 교사를 바라보다가, 다른 친구들의 행동을 고자질하듯 이야기합니다.

선생님의 하루 대화법

"선생님, 지훈이가 복도에서 뛰었어요!"

"선생님, 예원이는 수학익힘책 안 풀고 놀아요!"

이때 교사는 승우와 아이들의 관계를 보호해야 합니다. 예를 들어 승우가 지훈이의 행동을 고자질할 때, 교사는 "지훈이가 뛰었다는 거지? 지훈이 데리고 와 볼래요?"라고 하며 지훈이를 불러서 훈육할 수도 있습니다. 하지만 그렇게 하면 승우와 지훈이의 관계는 악화되겠지요. 따라서 교사는 이렇게 말해야 합니다.

"지훈이가 뛰는 건 선생님이 지도할 일이니까 승우는 그 부분에 대해 신경 쓰거나 걱정하지 말아요. 승우는 자기 할 일에 집중하도록 해요."

친구의 잘못을 교사에게 고자질하지 말라는 점을 명확하게 알려 주는 것입니다. 만약 교사가 잘못한 아이를 바로 불러서 훈육한다면 승우는 자신이 교사를 도와줬다고 생각하거나, 학급에서 도움이 되는 행동을 했다고 느껴 앞으로도 고자질로 선생님께 인정받으려고 할 수 있습니다. 그래서 교사는 교사가 할 일과 학생이 해야 할 일을 분명히 구분해 주어야 합니다. 아이들이 서로 미워하는 감정 없이 행복하게 학교생활을 할 수 있도록 돕는 것이 가장 중요하니까요!

아이들의 소통 방식이 다를 때

교실에서는 아이들 간에 의사소통 때문에 오해가 생기는 일들이 참 많습니다. 예를 들어 산만한 아이 용준이가 교실에서 지후를 툭 건드리며 말을 건넸어요. 그랬더니 지후가 교사를 찾아와 "선생님, 용준이가 저를 때렸어요."라고 말합니다. 이때 용준이를 불러서 지후를 때렸냐고 물어보면 "때리지 않았어요. 살짝 닿기만 했어요."라고 하며 억울해하는 모습을 보게 됩니다.

교실은 다양한 아이들이 함께 지내는 곳입니다. 같이 놀자는 표현을 툭툭 건드리면서 하거나 장난치며 하는 아이들도 있고, 그와 반대로 소곤소곤 이야기 나누면서 노는 아이들도 있습니다. 산만한 용준이는 자기와 비슷한 성향의 친구들과 놀 때 서로 툭툭 건드리기도 하고 "메롱!" 하고 놀리기도 하며 지내 왔습니다. 그래서 지후에게도 똑같이 한 것이죠. 하지만 조용한 지후 입장에서는 그 행동이 불편하게 느껴질 수 있습니다. 지후가 싫어하는 행동이기 때문이죠. 이런 과정에서 오해가 계속 쌓이면 두 아이 사이의 갈등이 점점 더 심각한 모습으로 나타날 수 있습니다.

서로 소통 방법이 다를 수 있음을 쉽게 소개하기 위해 아이들이 좋아하는 강아지, 고양이의 의사소통 방법을 예시로 듭니다. 먼저 강아지나 고양이를 키우는 사람이 있는지 질문합니다. 그다음 강아지와 고양이가 서로 친해질 수 있을지 물어보면 아이들은 상상력을 발휘해 여러 가지 답을 내놓습니다. 이때 교사도 하고자 하는 이야기를 시작합니다.

"서로 소통하는 방법이 다른데 친하게 지내고 싶을 때는 어떻게 하면 좋을까요?"

일상 경험에서 출발해 소통에 관한 이야기를 꺼내면 아이들은 꽤 진지해집니다. 아이들과 함께 어느 정도 이야기를 나눈 다음, 내 방식대로만 표현하면 의도와 다르게 전달될 수 있다는 사실을 알려 줍니다.

"A는 지금까지 친구랑 놀고 싶으면 몸을 툭 쳤어요. A랑 놀던 친구들은 모두 그런 장난을 쳤거든요. 어느 날 새 친구 B랑 놀고 싶었던 A가 늘 하던대로 B를 툭 친 거예요. 그랬더니 B가 기분 나쁘다는 듯 A를 쳐다보고는 선생님한테 "A가 나를 때렸다!"고 말했어요. 이런 상황이 생긴 이유가 뭘까요? A의 마음은 어떨까요? B는 왜 화가 났을까요?"

아이들은 이 이야기를 듣고 "A가 억울할 것 같아요!", "B도 속상할 것 같아요." 등 자기 의견을 이야기하기 시작했습니다. 그리고 곧 서로 소통하는 방법이 달라서 오해가 생긴 것이라는 사실을 깨닫습니다. 아이들은 차근차근 자신의 진심을 담아 의사소통하는 방법을 깨우치기 시작합니다. 이렇게 서로의 다름을 이해하고 존중하면서 함께 지내는 방법을 배워 가는 곳이 학교입니다.

친구의 몸을 건드리거나 때렸을 때

교사는 아이들이 몰라서 하는 행동과 괴롭힘을 구분할 수

　　　　　선생님의 하루 대화법

있도록 지도해야 합니다. 그리고 도움을 요청하는 방법도 가르쳐야 합니다. "지후가 몸을 건드리는 행동이 불편하다고 설명했는데도 같은 행동을 반복한다면 선생님께 이야기합니다."라고 지도합니다. 처음에는 놀자는 마음을 표현하는 방법을 몰라서 그랬다고 이해할 수 있지만, 불편하다고 몇 번이나 알려 줬는데도 같은 행동을 하면 '일부러' 했다는 생각이 들겠죠. 그때는 상담과 지도가 필요합니다. 한 번에 바로 기억하기는 어려울 수 있으니 3번 정도 자세히 설명해 주는 것이 좋습니다.

이때 분명히 말해 줬는데 "난 못 들었는데?"라고 말할 수도 있습니다. 교실은 늘 시끄러우니까요. 그러므로 그 친구가 확실히 들었는지 확인해야 합니다. "용준아, 내가 불편하다고 한 것 들었지?"라고요. 그 친구가 "못 들었는데?"라고 하면 다시 한번 설명해 줍니다. 그리고 "친구가 설명해 줄 때는 가까이 가서 집중해서 들어야 하고, 또 친구를 대할 때 조심하려고 노력합니다."라고 지도합니다.

★친구의 물건을 허락 없이 만졌을 때는 어떻게 말해 줘야 할까?

아이들은 호기심에 친구의 물건을 허락 없이 만지는 경우가 있습니다. 그리고 이것이 다툼으로 번지기도 합니다. 그럴 땐 이렇게 말해 보세요.

"○○이 필통이 궁금했구나. 친구의 물건이 궁금할 땐, 먼저 "네 필통 구경해도 돼?"라고 물어보는 게 좋아요."

★친구를 별명으로 부르거나 놀릴 때는 어떻게 해야 할까?

아이들이 친근함의 표현으로 친구의 이름을 줄여서 부르거나 별명을 부르는 경우가 있습니다. 친구와 더 친하게 지내고 싶을 때는 이렇게 말해 보세요.

"○○이랑 놀고 싶었구나? 그런데 별명을 부르면 친구는 놀린다고 오해할 수 있어요. 그러니까 놀고 싶을 땐 별명 대신 친구의 이름을 부르는 거예요. "○○아, 나랑 블록 쌓기 할래?"라고 말해 봅니다."

모둠 활동을 경험할 때

협력을 가르치기 위해 짝 활동이나 모둠 활동을 시작하면 하나가 되기보다 서로 지적하고 다투는 일이 자주 발생합니다. 무슨 일인가 싶어 가 보면, "모둠원들이 내 말을 무시해요", "호철이가 자기 멋대로 하려고 하잖아요."라는 불만 가득한 아이들의 하소연이 들려오기도 합니다.

사실 협력 과정 중 생기는 갈등의 주된 원인은 협력을 당연한 것으로 가정하고 이를 의무로 강요하는 데 있습니다. 어른조차 잘 맞지 않는 사람과 의무적으로 협력할 때 어려움을 겪습니다. 마찬가지로 이는 아이들에게 무리한 요구가 될 수 있습니다. 협력이 잘 이루어지지 않는 아이들은 배려심이 부족하거나 제멋대로인 아이로 비춰지곤 하지만, 이는 자연스러운 일입니다. 협력에 도전하고 이를 시도하는 것 자체가 중요합니다.

학교에서의 협력 활동은 제한된 시간 안에 다양한 의견을 하나로 모아야 하기 때문에 아이들에게 어려운 과제입니다. 이 과정에서는 주도적인 아이의 의견만 반영되거나 다수결이나 가위바위보로 결정이 이루어지는 경우가 흔합니다. 그러나 이런 방식은 서로의 의견을 듣고 토의하는 과정보다는 갈등 없이 빠르게 목표를 달성하는 것에 초점을 맞추게 됩니다.

아이들이 진정한 배움을 얻기 위해서는 협력을 선택하고자 하는 의지와 동기가 필요합니다. 그리고 다른 친구의 의견을 포용할 준비가 되어 있어야 합니다. 이런 조건이 갖춰졌을 때 아이들은 자신을 조금씩 내려놓고 친구의 의견을 받아들이며 협력하는 법을 배웁니다. 이를 위해 교사는 협력을 의무가 아닌 선택으로 제안하여 아이들 스스로 협력의 과정에 관해 생각해 볼수 있도록 기회를 제공하는 것이 좋습니다. 아이들이 진정으로협력을 원할 때 이해와 존중 속에서 자연스럽게 협력의 의미를배우고 성장할 수 있을 것입니다.

협력하는 방법을 배울 때

"오늘 사회 시간에는 역사 신문 만들기를 합니다. 2가지 활동 중에서 선택할 수 있습니다. 첫째는 나의 생각을 온전히 담을 수 있는 1인 신문 만들기 활동이고, 둘째는 다양한 의견을 담을 수 있는 모둠 신문 만들기입니다. 자신이 원하는 방법을 선택합니다."

호연이와 민수는 모둠 신문 만들기를 선택했습니다. 그런데 활동 중에 다툼이 생겼는지 호연이가 교사에게 와서 말합니다.

"선생님, 저 민수랑 하기 싫어요. 자꾸 자기 맘대로만 해요."

"호연와 민수가 각자 아이디어가 많군요. 서로 생각이 다를 수 있죠. 지금이라도 1인 활동으로 바꿔도 괜찮아요. 호연이는 어떻게 하고 싶나요?"

"저 1인 신문 만들기로 바꿀래요."

"그래요, 그러면 같이하던 민수한테도 얘기해야겠죠? "우리 각자 좋은 아이디어가 많잖아. 나는 1인 신문으로 바꾸고 싶은데 괜찮을까?" 하고 민수에게 물어보고 오세요."

"네! (잠시 후) 민수도 괜찮대요."

"좋아요, 그럼 1인 신문 재료를 챙겨가서 시작해 보세요. 그리고 민수에게도 준비물 챙기라고 말해 주세요."

그런데 1인 신문을 만들던 호연이는 조금 전에 민수와 함께 할 때가 더 즐거웠다고 느낍니다. 잠시 고민하던 호연이는 다시 교사에게 다가옵니다.

"선생님, 저 다시 민수랑 하고 싶어요."

"그럼 민수에게 가서 "혼자 하는 것보다 너랑 같이할 때가 아이디어도 많고 더 좋았던 것 같아. 우리 다시 같이할래?"라고 물어보세요. 민수도 좋다고 하면 다시 시작해도 돼요."

(잠시 후) "선생님, 민수도 좋대요."

"그럼 아까 반납했던 모둠 신문 재료를 다시 챙겨 가서 시작해 보세요."

여기서 중요한 점은 처음에 협력할 때와 다시 협력할 때 호연이의 마음이 달라졌다는 것입니다. 호연이는 다시 협력하기로 결심하면서 '이번에 함께할 때는 내 생각만 고집하지 않고 민수에게 양보도 해야겠다.'라고 생각했을 겁니다. 아이들이 협력을 선택할 수 있게 해 주면 중간에 갈등이 생겨도 낙오자로 보이지 않게 도울 수 있습니다.

보통 모둠 활동에서 갈등이 심할 경우 특정 아이에게 1인 활동을 권하는 일이 종종 있습니다. 하지만 이는 그 아이를 낙오자로 보이게 할 위험이 있습니다. 모두가 모둠 활동을 하는데 한 아이만 갑자기 혼자 하게 되었으니까요. 그러나 협력이 '의무'가 아닌 '선택'으로 여겨진다면 중간에 1인 활동으로 전환해도 낙오자로 보이지 않습니다. 처음에는 "○○랑 같이 할래요!"라고 의욕적이었던 아이들이 협력 과정에서 갈등을 겪고 다투는 것은 자연스러운 일입니다. 아이들이 협력을 통해 함께하는 방법을 배워 가도록 하는 것이 중요합니다. 갈등과 헤어짐을 해결하

선생님의 하루 대화법

는 법을 배운 아이들은 다시 친구를 만났을 때 더 큰 고마움과 소중함을 느끼며 협력을 이어 갈 수 있습니다.

★협력을 이끄는 교사의 말

① 협력하고 싶은 마음 꺼내기

"3명이 협력하는 건 정말 어려운 일이에요. 우리 친구들이 함께 협력한 건 정말 대단한 일이죠. 이번에는 4명이 함께해 볼래요? 함께 더 많은 친구와 의견을 나누다 보면 새로운 아이디어가 나올 수 있을 거예요!"

"협력은 어려운 일이지만 친구와 함께 해내면 기쁨이 두 배가 될 거예요. 둘이서 협력해 볼래요?"

② 다양한 의견을 존중하기

"서로 생각이 다를 때는 내 생각을 말하고 친구에게 "넌 무슨 색으로 하고 싶어?", "여기에는 어떤 내용을 쓰면 좋을까?"라고 함께 이야기를 나눠 봅니다. 정답은 없으니까 어떤 선택을 하든 좋아요. 선생님은 여러분이 여러 가지 방법을 시도해 보면 좋겠어요."

③ 협력의 어려움과 해결

"협력하다 보면 의견이 다를 때도 있고 마음이 안 맞을 수도 있어요. 하지만 그런 상황을 해결하는 방법을 배우는 것이야말로 정말 멋진 일이에요. 서로 양보하고 이해하는 연습을 통해 점점 더 멋진 팀이 될 수 있어요."

> **④ 협력의 즐거움 알려 주기**
> "혼자 해내는 것도 대단한 거예요. 그런데 협력할 때는 또 다른 재미가 있답니다."

소외된 아이에게 친구가 필요할 때

종종 목소리가 큰 아이가 무리를 이끌고 어떤 아이는 휘둘리거나 소외되는 경우가 있습니다. 이런 불균형은 서로에게 상처를 남길 수 있습니다. 교사는 이런 관계를 보면 어떻게 하면 아이들 간의 관계를 평등하게 만들 수 있을지 고민하게 됩니다.

우선 소외된 아이가 자립할 수 있도록 돕는 것이 중요합니다. 단순히 주도적인 아이의 행동을 바로잡는 데만 집중할 것이 아니라 소외된 아이가 자신감을 가질 수 있도록 지원해야 합니다. 자신감을 얻은 아이는 주체적으로 친구들과 관계를 맺으며 보다 건강한 또래관계를 형성하게 됩니다.

혼자 있는 아이에게 여러 명의 친구를 사귀라고 요구하는 것보다는 마음에 맞는 단짝 한 명과의 관계부터 시작하는 것이 좋습니다. 이 과정에서 중요한 것은 교사가 뒤에서 조용히 돕는 것입니다. 아이가 자신의 힘으로 친구를 사귀었다고 느껴야 자

선생님의 하루 대화법

신감이 커지고 긍정적인 자아 개념도 형성될 수 있습니다.

단짝이 생긴 후에는 기존 무리에 억지로 끼워 넣기보다는 새로운 놀이 그룹을 만들도록 도와줍니다. 처음엔 2명으로 시작하지만 조금씩 다른 아이들이 관심을 보이며 자연스럽게 그룹이 커집니다. 이 과정에서 소외되었던 아이들은 조금씩 자신의 목소리를 내고, 자신이 주도하는 경험을 통해 자신감을 얻습니다. 이렇게 형성된 새로운 그룹은 교실의 분위기를 바꿀 수 있으며 아이들 간에는 존중과 배려가 자리 잡습니다.

또래들이 특정 친구의 단점만 보며 그를 멀리하는 경우, 교사는 그 친구의 장점을 찾아 주고 다른 아이들도 그 장점을 발견할 수 있게 도와주는 중요한 역할을 합니다. 예를 들어 작은 부탁을 통해 아이가 다른 사람을 도울 기회를 제공하고, 이를 통해 스스로 효능감을 느끼게 해 줄 수 있습니다. 아이가 가진 장점을 긍정적으로 키워 주면 친구들도 그 아이를 다른 시선으로 바라보게 되며 호감의 싹이 트기 시작합니다.

교사의 세심한 관찰과 지원 속에서 또래관계는 조금씩 평등하고 존중이 가득한 방향으로 나아갑니다. 아이들이 서로의 장점을 발견하고 스스로 힘으로 관계를 맺으며 교실 안에 긍정적인 문화가 형성되는 순간을 마주하게 될 것입니다.

바른 인성을 가르칠 때

아이들이 서로의 장점을 보고 함께 성장하는 건강한 또래관계를 형성하기 위해서는 지속적이고 일상적인 인성 교육이 필요합니다. 바른 인성을 기르는 과정은 학급 문화의 중요한 문화로 자리 잡아야 합니다. 이러한 문화를 만들기 위해서는 서로 존중하고 배려하는 태도를 자연스럽게 실천할 수 있는 환경을 조성하는 것이 중요합니다.

그러기 위해서는 아이들의 작고 사소한 행동을 격려하는 것이 필요합니다. 예를 들어 친구가 넘어졌을 때 "괜찮아?"라고 묻는 행동, 지우개를 빌려주거나 떨어진 연필을 주워 주는 행동, 교실을 나서며 뒷문을 잘 닫고 나가는 행동, 급식을 받을 때 "감사합니다."라고 인사하는 행동, 친구의 발표에 박수로 반응하는 행동 등이 바로 삶 속에서 배려가 빛나는 순간입니다. 이렇게 작고 사소한 행동도 배려로 받아들여지면 아이들은 '나도 할 수 있다!'라고 생각하며 자연스럽게 배려를 배우고 실천하려고 합니다.

이때 일회성의 이벤트로 끝나는 것이 아닌 1년 동안 지속적으로 격려하는 시간을 가져 배려를 학급의 문화로 정착시키면 교사가 없는 공간에서도 서로를 존중하고 배려하는 태도를 보이려고 노력합니다. 이처럼 건강한 관계는 교실을 넘어 아이들의 삶 전반에 긍정적인 영향을 미치고, 아이들이 바르게 성장해 나가는 밑거름이 될 것입니다.

소심한 아이가 할 말을 못 할 때

산만한 동규가 소심한 영수의 공책에 낙서를 했습니다. 영수는 교사에게 "동규가 제 공책에 낙서했어요."라고 말하며 다가왔죠. 이런 상황에서 영수에게 "동규에게 직접 '낙서하지 말아 줘.'라고 말해 보세요."라고 지도할 수도 있지만, 소심한 영수에게는 그 상황 자체가 큰 부담일 수 있습니다. 소심한 아이들은 자기 마음을 말하면 친구가 상처받을까 봐 망설이거나 상대가 화를 낼까 봐 쉽게 표현하지 못합니다.

이런 아이에게는 감정을 표현하는 방법을 직접 가르쳐 주는 과정이 필요합니다. "이렇게 말해 보세요."라고 가르치는 방식보다는 교사가 아이의 곁에서 함께해 주는 방식으로 접근하는 것이 효과적입니다. 예를 들어 "친구에게 속상한 마음을 말하는 게 어렵겠지만, 선생님이 곁에 있어 줄 테니 함께 이야기해 보는 건 어떨까요?"라고 제안하며 아이에게 주체적으로 선택할 기회를 주는 것이 좋습니다. 아이가 "좋아요."라고 대답하면 둘이 함께 대화하는 자리를 마련해 줍니다.

그러나 처음부터 자기감정을 직접 표현하는 것은 소심한 아이에게 어려울 수 있기 때문에 교사가 도와주며 아이의 감정을 전달해 주는 것이 중요합니다. "동규야, 영수가 하고 싶은 말이 있대요. 영수는 자기 공책에 다른 사람이 그림을 그리면 슬프고 속상한 마음이 든다고 해요. 영수야 선생님 말이 맞나요?"라고 말하면서 아이의 감정을 대신 전달해 줍니다. 소심한 아이는 교사의 말투와 표현 방식을 보며 감정을 표현하는 방법을 배웁니다.

이러한 과정을 여러 번 반복하다 보면 소심한 아이는 자연스럽게 자기 감정을 직접 표현하는 법을 익힙니다. '아, 이렇게 말하면 친구에게 상처 주지 않고 내 마음을 전할 수 있구나.'라고 생각하며 자신감을 얻는 것이죠.

또한 두 아이를 만나게 하기 전에 교사가 동규와 미리 대화하는 과정도 필요합니다. "동규야, 영수가 하고 싶은 말이 있대요."라고 말하며 영수의 마음을 동규에게 미리 전달해 주면 동

선생님의 하루 대화법

규는 영수가 그저 교사에게 이른 것이 아니라 자신의 감정을 말하려는 거라고 이해하게 됩니다. 이렇게 하면 동규도 영수의 이야기를 듣고 진심으로 사과할 수 있게 됩니다.

소심한 아이가 감정을 직접 표현하는 데는 큰 용기가 필요합니다. 교사에게 도움을 요청하는 것만으로도 아이는 이미 큰 한 걸음을 내딛는 셈입니다. 이제 아이가 자신의 목소리를 직접 낼 수 있도록 단계적으로 도와주세요. 자기감정을 표현하는 과정을 배운 아이는 건강한 또래관계를 형성하고, 어려움 속에서도 자신감 있게 성장할 수 있습니다.

상대의 마음에 공감하지 못할 때

교실에서는 크고 작은 다툼이 자주 일어납니다. 이는 서로 다른 성격과 배경을 지닌 아이들이 함께 생활하는 과정에서 자연스럽게 발생하는 현상입니다. 하지만 다툼이 생겼을 때 아이들이 서로의 마음을 이해하고 받아들인다면 갈등은 오히려 더 깊은 우정을 만드는 기회가 될 수도 있습니다. 이를 위해서는 다른 사람의 입장에서 생각해 보는 공감 능력이 필요한데, 공감을 잘하는 아이도 있지만 어려워하는 아이들도 있습니다.

예를 들어 현수가 지영이의 공책에 낙서를 했습니다. 공감을 잘하는 아이는 "지영이가 아끼는 공책인데 허락도 없이 낙서를 하면 속상할 수 있어요."라는 짧은 설명만으로도 상대방의 감정을 이해할 수 있습니다. 하지만 공감이 어려운 아이는 '선생님은 쟤 편만 드는 것 같아.'라며 서운해하거나 '공책에 낙서 좀 했다고 화를 낼 일이야? 나는 내 공책에 아무리 그림을 그려도 화가 안 나는데 쟤는 이상하네.'라고 생각할 수 있습니다. 이처럼 상대방의 마음이 이해되지 않으면 억지로 형식적인 사과를 하게 되고 서로 마음이 풀리지 않은 채 상황이 마무리될 수 있습니다.

공감이 어려운 아이들에게는 자기 경험에 비추어 설명하는 것이 더 효과적입니다. 예를 들어 축구를 좋아하는 현수에게는 "만약 현수가 아끼는 축구공을 누가 허락 없이 가져갔다면 어떤 마음이 들까요?"라고 묻는 식으로 접근합니다. 현수가 소중하게 생각하는 물건을 통해 감정을 느끼게 하면 비록 공책에 낙서해서 속상한 감정은 이해하지 못하더라도 자신의 경험을 통해 친구의 감정을 공감할 수 있게 되는 것이죠.

이 과정을 통해 아이들은 자연스럽게 서로의 마음을 읽고

선생님의 하루 대화법

더 진심 어린 사과를 할 수 있게 됩니다. 그리고 사과 후에도 단순히 마무리하는 것이 아니라 자기 마음을 솔직하게 표현하는 시간을 가질 수 있도록 지도하는 것이 중요합니다. 예를 들어 "나는 너와 노는 게 좋은데 말이야, 몸으로 장난치는 건 불편하거든. 그럴 때는 말로 먼저 이야기해 주면 좋겠어."라고 말하게 하는 것이죠. 이런 과정을 통해 아이들은 서로의 감정과 생각을 더 깊이 이해하고, 다툼 후에도 더 좋은 친구 관계로 발전할 수 있습니다.

만약 아이들이 서로 깊이 이해하는 과정 없이 "각자 잘못을 인정하고 사과하세요."라고만 지도하면, 겉으로는 갈등이 해결된 것처럼 보일 수 있지만, 속으로는 '앞으로 저 아이와 놀지 않으면 그만이야.'라고 생각하게 될 수도 있습니다. 그래서 아이들이 스스로 공감과 이해를 배우고 갈등을 해결하는 힘을 기를 수 있도록 돕는 것이 중요합니다. 이를 통해 아이들은 교실에서의 다툼을 자연스럽게 해결할 수 있는 능력을 갖추고 나아가 더 건강한 관계를 맺으며 성장하게 될 것입니다.

아이들이 다퉜을 때

아이들 간의 다툼을 지도할 때 위급한 상황이 아니라면 즉시 갈등을 겪은 친구를 부르지 않는 것이 중요합니다. 예를 들어 한 아이가 "선생님, 민준이가 제 공책에 낙서했어요."라고 말했을 때, 저는 바로 민준이를 부르지 않습니다. 두 아이의 관계가 어긋날 수 있기 때문이죠. 민준이는 겉으로는 모른 척할지 몰라도 친구가 교사에게 이른 것을 눈치채고 있습니다. 이런 상황에서 즉시 민준이를 부르면 잘못에 대한 반성보다는 친구에 대한 원망이 먼저 생길 수 있습니다. 그러면 잘못은 바로잡더라도 두 아이의 사이가 나빠질 위험이 크죠.

그래서 저는 먼저 속상한 아이의 마음에 충분히 공감해 주고 문제 해결을 잠시 미루는 전략을 씁니다. 예를 들어 "선생님, 민준이가 제 공책에 낙서했어요."라고 하면, "그랬구나, 정말 속상했겠어요."라고 감정을 받아 준 뒤, 조금 여유를 두고 "선생님이 조금 이따가 민준이랑 이야기해 볼게요. 그때까지 기다려 줄 수 있을까요?"라고 물어보면 아이는 자신의 감정이 공감받았다는 사실에 마음이 한결 가라앉아 기다리겠다고 말합니다. 그러면 "기다려 줘서 고마워요. 선생님이 꼭 이야기해 보고 알려 줄게요."라고 말합니다. 그리고 바로 해결에 나서지 않고 시간을 두는 거죠.

한 시간 정도 시간이 흐른 뒤, 아이들이 차분해진 시점에 낙서를 한 아이와 일대일로 대화를 나눕니다. 이때는 "민준이가 현주 공책에 낙서했어요?"라고 확인 질문을 하기보다는 아이에 대한 신뢰를 바탕으로 대화를 시작합니다. "선생님은 민준이가 그림을 그린 특별한 이유가 있다고 생각해요."라는 식으로 다가가는 것이죠. 그러면 아이도 방어적으로 반응하기보다는 자신의 마음을 솔직히 털어놓을 가능성이 훨씬 높아집니다.

여럿이서 한 아이와 싸울 때

아이들이 교사에게 속상한 일을 이야기하기 위해 함께 찾아오는 경우가 종종 있습니다. 왜 그럴까요? 속상한 감정을 교사에게 털어놓았을 때 공감받지 못할까 봐 걱정될 수도 있고, 혼자서 상황을 자세히 설명하기 어려워서일지도 모릅니다. 또는 친구를 데리고 가서 자신의 주장이 옳다는 것을 강조하고 싶을 수도 있습니다.

모둠 활동 중 두 아이가 다가와 말합니다.

"선생님, 우리 모둠에서 신문 만들기를 하는데 현준이가 자꾸 방해해요. 너도 봤지?"

"정말이에요. 우리는 열심히 하는데 현준이는 장난만 치고 낙서만 해요. 같이 모둠 하기 싫어요."

그때 저는 두 아이에게 이렇게 대답합니다.

"모둠 활동에 어려움이 있군요. 그런데 지금 자리에 앉아 있는 현준이의 마음은 어떨까요? 아무리 현준이가 잘못한 행동이 있더라도 그 마음이 어떨지 한번 생각해 보면 좋겠어요. 한 명씩 차례대로 이야기해 봅시다. 영준이랑 이야기가 끝나면 건호를 부를 테니까 건호는 모둠에 돌아가서 하던 걸 이어서 하고 있으세요."

아이들 간의 불만이나 다툼이 생겼을 때 종종 교사가 목격자가 있는지 확인하고 목격자를 데려오라고 하는 경우가 있습니다. 그렇게 아이들은 '목격자가 있어야 내 주장을 더 강하게 어필할 수 있다.'라고 생각하게 되고 점차 짝을 지어 불편한 점을 이야기하러 오게 됩니다. 하지만 이렇게 둘이 편을 먹고 이야기하면 현준이는 두 친구에 대한 분노와 적개심을 갖습니다. 선생님에게 고자질한다는 사실이 마음에 깊은 상처를 남기기 때문입니다.

만약 교사가 두 아이의 입장만 듣고 현준이를 지도한다면 현준이는 교사의 지도가 공평하지 않다며 반발하고 거부할 수도 있습니다. 그래서 두세 명이 짝을 지어서 한 명에 대해 이야기하러 올 경우, 저는 일대일로 이야기를 나누도록 안내합니다. 셋을 함께 모아 이야기를 나누면 결국 다툼이 벌어질 수 있고, 그 결과 교사가 문제를 해결한 뒤에도 아이들 간의 관계가 틀어질 수 있습니다. 따라서 아이들에게 "상황을 본 사람을 데려오세요."라는 말은 하지 않는 것이 좋습니다. 만약 갈등 상황을 자세히 확인해야 하는 경우에는 교사가 목격한 아이를 따로 불러서 일대일로 확인합니다.

아이들이 자주 하는 말 중 하나인 "야, 너도 봤지?"라는 표현은 상대편 친구에게는 두 사람이 힘을 합쳐 한 사람을 공격하는 기분이 들 수 있음을 가르쳐 주어야 합니다. 그러니 아이들이 각자 자신이 하고 싶은 말을 순서대로 할 수 있도록 안내합니다. 이처럼 아이들 간의 다툼과 갈등이 생겼을 때는 어떤 상황에서도 여러 명이 한 아이를 궁지에 몰아넣는 일이 생기지 않도록 주의 깊게 상담하고 지도하는 것이 중요합니다.

두 아이의 말이 엇갈릴 때

아이들 간에 다툼이 생기면 한 아이가 교사에게 달려와 흥분한 목소리로 말합니다.

"선생님! 얘가 저를 밀쳤어요!"

그러자 옆에 있던 아이는 "네가 먼저 나를 ○○이라고 놀렸잖아!"라며 언성을 높입니다. 이럴 때 교사는 어떻게 대처해야 할까요? 흔히 "누가 먼저 장난쳤어요? 승호가 먼저 놀렸다고 하던데 맞아요?"라며 상황을 파악하고 누가 옳은지 따져 묻는 경우가 많습니다. 하지만 이렇게 잘잘못을 따지면 아이들은 방어적인 태도로 돌아서고 "난 안 했어요.", "쟤가 먼저 그랬어요."와 같은 변명만 늘어놓게 되죠.

사실 두 아이의 말을 들어 보면 둘 다 잘못한 부분이 있거

선생님의 하루 대화법

나 잘못을 명확히 가리기 힘든 경우가 많습니다. 이때 계속해서 사실 확인을 시도하거나 잘잘못을 따지면 결국 자존심 싸움으로 번질 수 있습니다. 사건을 빠르게 해결하는 것만을 목적으로 누구 말이 맞는지에 시시비비를 가리고 잘잘못을 따지는 데 집중하면 관계에 금이 가기 쉽습니다.

저는 단순히 다툼을 종결시키기보다 관계를 회복하고 서로 더 깊이 이해하는 기회로 삼으려 노력합니다. 그래서 조금 돌아가더라도 시간을 들입니다. 우선 흥분한 감정을 가라앉힐 시간을 주고, 감정과 생각을 정리할 수 있도록 기다립니다. 이때 교사가 아이들을 믿고 기다려 주려면 서로 신뢰가 있어야겠지요. 아이들이 각자 자신의 이야기를 하며 대화를 나눌 기회를 주는 것도 중요합니다.

"지민이가 저를 밀쳤어요."
"승호가 먼저 저를 놀렸어요."

이런 상황에서 각자 하고 싶은 말을 차례대로 하게 돕습니다. 이때 한 사람씩 말하고, 상대방은 끝까지 들어야 한다고 설명해 줍니다. 상대방이 말할 때는 끼어들지 않고 기다리는 법을 가르치며, 경청하는 훈련도 함께 합니다.

아이들이 차분히 자신의 이야기를 털어놓으면 그동안 몰랐던 서로의 감정이 드러납니다. 지민이가 "사실 어제 승호가 축구할 때 놀려서 속상했는데, 오늘 또 놀리니까 화가 났어요."라고 이야기하면, 승호도 자신이 오늘 장난을 친 이유가 어제 일 때문이라는 것을 알게 되고 미안함을 느낄 수 있죠. 반대로 승호의 이야기를 들으며 지민이도 승호의 마음을 새롭게 이해할 기회가 생깁니다.

이런 과정을 거치고 나면 두 아이 모두 자신의 감정에 대해 깊이 생각해 볼 시간이 생깁니다. 즉시 시시비비를 가리기 보다는 스스로 상황을 다시 생각해 볼 시간을 갖는 거죠. 결국 진짜 감정은 아이들 스스로가 제일 잘 알고 있기 때문에 교사는 아이들이 문제를 풀어 갈 수 있도록 돕는 역할을 해야 합니다.

실제로 이렇게 지도한 뒤, 다음 쉬는 시간에 두 아이를 다시 불러 보면 "선생님, 우리 벌써 화해했어요!"라며 누가 먼저랄 것 없이 사과하고 함께 노는 모습을 볼 수 있습니다. 대화를 통해 속상했던 감정을 풀어내다 보니 미안한 마음이 생겨 자연스럽게 화해한 것이죠.

이처럼 아이들 간에 다툼이 생겼을 때, 갈등을 즉각적으로 해결하는 것에 초점을 두기보다 아이들이 스스로 자기 감정과 행동을 돌아보고 정리할 수 있도록 시간을 주고 기다리는 것이 중요합니다. 또한 서로를 이해하고 존중하는 대화의 장을 마련해야 합니다. 이러한 과정 속에서 아이들은 갈등 해결 경험을 쌓으며 건강하게 성장하게 됩니다.

가장 중요한 것은 아이가 자신의 행동에 대해 스스로 생각하고 문제를 해결하는 과정에서 친구와 건강하게 소통하는 경험을 쌓는 것입니다. 이 과정에서 아이들은 단순히 훈육받는 것이 아니라 관계를 지키는 방법과 서로의 감정을 이해하는 법을 배울 수 있습니다.

★다툼 후 관계 회복을 돕는 팁

다툼 후 관계가 쉽게 나아지지 않을 때, 과거의 일에 집중하기보다는 앞으로의 관계에 집중할 수 있도록 도와주세요.

"그래, 둘의 이야기를 들어 보니 둘 다 속상한 일들이 있었군요. 친구의 이야기를 들어 보니 서로의 마음에 대해 알게 되었지요? 지민이와 승호는 유치원 때부터 소중한 친구였잖아요. 앞으로도 둘이 놀고 싶어서, 속상한 일을 잘 해결하고 싶어서 선생님에게 이야기한 거죠? 그럼 앞으로 지민이와 승호가 더 즐겁고 재미있게 놀려면

어떻게 하면 좋을지에 관해 같이 이야기를 해 보면 어떨까요?
예를 들어 "난 몸으로 밀치고 노는 건 싫지만, 같이 개그하고 노는
건 좋아."처럼 싫어하는 놀이와 좋아하는 놀이를 이야기해 보는 거
예요."

이렇게 친구의 소중함을 상기시켜 주고, 건강하게 노는 방법을 배
우는 기회로 만들어 주면 아이들은 금세 마음을 열고 다시 함께 놀
기 시작합니다. 아이들이 교실에서 다툼을 겪으면서도 관계를 회복
하는 힘을 기르려면 서로에 대한 호감을 가지는 것이 중요합니다.
이 호감이 무너지지 않게 지켜 주는 것이 바로 교사의 역할입니다.

다툼 후 속상함이 남았을 때

다툼 후 두 아이가 서로 사과하고 화해했다면 다시 아무 일
없다는 듯이 놀고 있을 겁니다. 하지만 화해했으니까 끝났다고
넘길 것이 아니라 그 후에도 두 아이의 마음 상태를 몇 차례 확
인해 보는 것이 중요합니다. 다음 쉬는 시간에 슬며시 다가가 물
어보는 것이죠.

"승호야, 지금 마음은 어때요?"

선생님의 하루 대화법

그러면 아이는 "이제 괜찮아요."라고 대답하겠지만, 괜찮다고 해서 정말 다 괜찮아진 게 아닐 수도 있습니다. 이럴 때 그냥 '괜찮다니 잘됐네.'라고 넘기기보다는 아이들에게 마음 상태를 숫자로 표현하는 방법을 가르쳐 주는 것이 좋습니다.

"아까 속상한 마음이 10이었다면 지금은 몇 정도인가요?"
"지금은 6 정도인 것 같아요."

사과하고 화해했다고 해서 10이었던 속상함이 바로 0이 되는 건 아닙니다. 그럼 이렇게 이야기합니다.

"지금 마음이 6 정도군요. 처음에는 10이었는데 많이 괜찮아졌네요. 승호가 속상한 마음을 잘 다스리려고 스스로 노력한 덕분인 것 같아요. 선생님이 다음 쉬는 시간에 다시 물어볼게요."

이렇게 말하며 아이가 자기 마음을 다스리려 노력한 부분을 꼭 칭찬해 줍니다. 이 과정에서 자기 마음의 주인이 되는 법을 배울 수 있도록 도와주는 것이 중요합니다. 아이가 자기 감정을 스스로 조절하려고 노력하는 것을 교사가 격려해 주면 '내 힘으로 이겨냈다.'라는 자신감이 자랍니다. 그럼 아이도 '내 감정을 내가 조절할 수 있어.' 하고 힘을 느끼게 되죠.

다음 쉬는 시간이 되면 약속대로 한 번 더 마음 상태를 물어봅니다. 아이가 "이제 2 정도예요."라고 말하면 하교할 때 한 번 더 확인합니다. "오늘 어땠어요? 이제 괜찮아요?"라고 물으며 하루를 마무리하는 거죠. 교실에서 친구와 부딪혀 속상했지만, 결국 속상한 마음은 '0'으로 가볍게 교실 문을 나서게 하는 것이 목표입니다. 친구와의 즐거운 추억만 마음에 담고 집으로 향하는 발걸음이 가볍기를 바라면서요.

다툼 중 '맨날'이라는 말을 사용할 때

아이들이 친구와 다투면 자주 하는 말이 있죠.

"선생님! 지성이가 맨날 저를 놀려요."

이 말을 들은 지성이는 억울한 표정으로 대답합니다.

선생님의 하루 대화법

"김민수, 너도 나 ○○이라고 놀렸잖아."

"내가 언제?"

"지난번 방과 후에 기억 안 나?"

"난 그런 적 없어."

"와, 거짓말하네."

아이들 사이의 대화가 이렇게 격해지는 이유 중 하나는 '**맨날**'이라는 단어 때문입니다. 평소에 장난도 치고 잘 놀던 친구였는데 갑자기 '맨날' 놀린 사람이 되어 버리니 기분이 상한 겁니다. 어른들 사이에서도 비슷한 상황이 벌어지곤 하죠. 누군가가 "당신은 맨날 나한테 화만 내고, 잘해 준 게 뭐가 있어?"라고 하면 그동안 했던 작은 노력이나 배려는 모두 없던 게 된 것처럼 느껴져서 화가 나죠. 그러다 결국 "너는 뭘 잘했는데? 너는 ~한 적 있어?"라며 서로 감정적으로 대립하게 됩니다.

이러한 이유로 다툼에서 꼭 지켜야 할 예의가 있습니다. 바로 친구가 그동안 노력해 왔던 부분까지 모두 부정하지 않는 것, 그리고 그 친구와 함께했던 좋은 시간을 무시하지 않는 겁니다. 그래야 그날 있었던 일에 대해 진솔하게 이야기할 수 있죠. 그래서 저는 아이가 "맨날 놀린다."라고 할 때 이렇게 말해 줍니다.

"지금 많이 속상하죠? 그런데 '맨날'이라는 말은 매일매일이
라는 뜻이에요. 1년 내내 빠짐없이 놀렸다는 뜻이거든요. 몇 번
그랬는지 기억해 볼까요?"

그러면 아이는 "지난 금요일이랑 어제, 그리고 오늘. 총 3번
이요."라고 말합니다. 이처럼 아이들이 자주 쓰는 '맨날'이라는
표현만 구체적으로 바꿔 줘도 감정적으로 흐르기 쉬운 대화를
바로잡을 수 있습니다.

하지만 아이들은 그 말이 상대방에게 어떤 감정을 불러일으
킬지 잘 모르기 때문에 화가 나면 '맨날'이라는 말을 툭 내놓습
니다. 상대방도 친구가 왜 그렇게 화를 내는지 모르기 때문에 감
정의 골이 깊어지곤 하죠. 아이들이 자신의 말이 친구의 마음에
어떤 영향을 미칠지, 입장을 바꿔 내가 그 말을 들으면 어떤 기분
일지 고민해 본다면 서로에 대한 이해가 더 깊어집니다.

선생님의 하루 대화법

아이의 자존심을 지켜 주며 다툼을 해결해야 할 때

아이들 사이의 다툼은 종종 복잡한 감정의 얽힘 속에서 벌어집니다. 두 아이 모두 잘못을 저지른 상황이라면, 갈등을 해결하기 위해 "둘 중 용기 있는 사람이 먼저 사과하세요."라는 말이 떠오를 수 있습니다. 하지만 이 상황을 자존심 대결로 변질시킬 수 있습니다. 한 아이가 사과하면 다른 아이의 감정이 더 악화될 수 있죠. '쟤는 선생님에게 잘 보이려고 사과하는 거네.'라고 생각할 수도 있고 '쟤 때문에 나만 이상한 사람이 됐잖아.'라며 상대방에 대한 반감이 커질 위험도 있습니다.

두 아이 모두 잘못했을 때는 아이들의 자존심을 지켜 주면서 접근하는 것이 중요합니다. "생각과 마음이 정리된 사람은 말해 봅니다."라고 안내함으로써 아이들은 서로의 품위를 존중하며 감정을 정리할 수 있는 기회를 갖게 됩니다. 이렇게 하면 아이들의 관계가 깨지지 않도록 도와줄 수 있습니다.

협력의 힘을 키우는 지도법

① 의견이 다를 때

의견이 다를 때는 친구의 의견을 존중하며 자신의 생각을 표현하는 방법을 가르쳐 줍니다. 예를 들어 "여기에 바다 그림을 그리는 건 이상해." 대신, "네 생각도 좋은데, 나는 지구 그림을 그리면 좋겠다고 생각했어. 어떻게 하면 좋을까?"라고 이야기하도록 지도합니다. 이처럼 친구의 의견을 먼저 인정한 후, 자신의 생각을 덧붙이는 방식으로 의사소통하는 법을 가르칩니다.

② 서로에 대한 고마움을 표현할 때

협력은 의무가 아닌 선택입니다. 그러니 함께 협력한 친구에게 감사하는 시간을 갖는 것이 좋습니다. 수업 마무리 단계에서는 서로에게 고마움을 표현하는 방법을 알려 줍니다.

예를 들어 "△△야, 오늘 너랑 역사 신문 만들기를 해서 재미있었어. 특히 ○○ 부분을 도와줘서 고마워."와 같이 구체적으로 감사를 표현하도록 합니다. 1인 활동을 한 아이들에게는 "혼자 힘으로 해낸 나 자신을 칭찬해."라고 자신을 격려하는 방법을 지도합니다. 교사도 수업 참여와 협력 과정에서의 배려와 존중을 칭찬하며 수업을 마무리합니다.

③ 소심한 아이들을 지원할 때

협력을 도전으로 지도할 때는 소심한 아이들에게 특히 섬세한 관심이 필요합니다. 교사가 "1인 활동을 할 사람은 손을 들어 보세요."라고 말한 상황에서 소심한 아이들은 용기 내지 못할 수 있습니다. 이때 교사는 소심한 아이들이 친구들과 함께 협력할 수 있도록 그룹을 만들어 주어야 합니다. 소심한 아이들이 안정감을 느끼고 자신감을 찾을 수 있도록 지원하는 것이 협력의 성공 법칙입니다.

마음을 잇는 공감의 기술 4단계

"아이의 마음에 공감해 주세요."라는 솔루션은 자주 듣지만, 구체적인 방법은 쉽게 떠오르지 않을 때가 있습니다. 어떻게 공감해야 할지 고민하는 선생님들을 위해 제가 교실에서 활용하는 공감의 기술 4단계를 소개합니다.

1단계. 들어주기

갈등이 발생했을 때, 아이의 이야기를 경청하는 것이 이 단계의 핵심입니다. 많은 경우 상황의 진위를 확인하고 훈계로 대화를 시작하기 쉽지만, 저는 그보다 아이의 이야기를 먼저 들어주려 합니다. "태경이에게 뭔가 속상한 일이 있었던 것 같은데, 어떤 부분이 마음에 걸렸는지 선생님은 듣고 싶어요."라고 말하면, 아이는 자신이 잘못했음에도 불구하고 선생님의 신뢰를 느끼고 솔직하게 이야기할 수 있습니다. 이때 눈 맞춤과 고개를 끄덕이며 아이의 이야기에 집중하는 태도를 보여 주는 것이 중요합니다.

2단계. 감정 수용하기

'그럴 수도 있지.'라는 마음으로 시작하는 단계입니다. 예를 들어 보드게임 중 다툼이 발생했다면 화를 내고 있는 아이에게 다가가서 이렇게 말합니다.

"속상한 마음이 드는 건 당연해요. ○○이만 벌칙 카드를 받는 것 같아서 화가 났겠군요."

이렇게 아이의 감정을 수용하고 공감해 주면 흥분된 감정이 가라앉습니다.

3단계. 교사의 경험과 감정 공유하기

교사는 자신의 경험을 간단히 공유함으로써 '네가 이런 행동을 했지만, 선생님은 여전히 너를 믿어.'라는 메시지를 전달합니다.

"선생님도 그런 상황에서는 속상할 것 같아요. 선생님도 비슷한 경험이 있어요."

이렇게 말하면 아이는 낙담하기보다는 다시금 희망을 느끼게 됩니다.

4단계. 반 친구들의 공감과 위로 이끌어 내기

아이가 자신의 경험을 공유하며 친구들과 연결될 수 있도록 돕는 단계입니다. "어떨 때는 갑자기 이상한 말을 하게 되잖아요. 선생님도 그런 적이 있어요. 여러분도 그런 경험이 있죠?"라고 말하면 반 아이들은 자연스럽게 자신의 이야기를 나누게 되고, 이 과정을 통해 서로의 감정을 공감하게 됩니다. 친구들과 비슷한 경험을 공유함으로써 '나만 그런 게 아니구나.'라는 위로를 받을 수 있습니다.

이 4가지 단계는 아이의 마음을 이해하고 공감하는 과정에서 큰 힘을 발휘합니다. 선생님이 적극적으로 공감해 줄 때 아이들은 마음의 안정을 찾고, 더욱 건강한 관계를 형성할 수 있게 됩니다. 공감은 단순히 말로 하는 것이 아니라 서로의 마음을 이해하고 지지하는 과정임을 잊지 말아야 합니다.

좌절감을 분노로 표출할 때 │ 무기력한 아이가 시도를 두려
워할 때 │ 포기하려는 아이가 있을 때 │ 수업 중 돌아다니는
아이가 있을 때 │ 과제를 먼저 마친 아이가 있을 때 │ 미술
수업에서 협력을 이끌어야 할 때 │ 놀이와 배움의 균형을 찾
아야 할 때 │ 다른 사람들과 함께해야 할 때 │ 협동심을 길
러 주고 싶을 때

좌절감을 분노로 표출할 때

    서준이는 무엇이든 잘하고 싶은 마음이 큰 아이입니다. 따라서 노력해서 그린 그림이 맘에 들지 않거나 리코더 연주가 잘되지 않으면 종종 감정이 폭발하곤 합니다. 음악 시간에 리코더 연주를 따라갈 수 없으면 교사에게 도움을 요청하는 대신 잘하고 있는 척 손가락을 바쁘게 움직이며 연주하는 시늉을 하기도 합니다. 수업을 따라가지 못해 재미가 없어지면 주변 친구들에게 장난을 걸고 수업을 방해하기도 합니다. 서준이의 마음속에는 '난 왜 잘하지 못할까?', '난 능력이 없어.'라는 부정적인 감정이 가득하기 때문에 당장 겉으로 보이는 행동을 교정하기 위해 지적하는 대신 아이의 어려움에 공감하고 수용하는 것이 중요합니다.

    이럴 때 교사가 해 줄 수 있는 말은 "서준아, 잘하고 싶은데 생각처럼 되지 않아서 많이 속상하군요. 어려울 수 있어요. 처음에는 힘들지만 연습하다 보면 서준이가 원하는 만큼 할 수 있게 될 거예요. 지금도 충분히 잘하고 있어요!"라고 아이가 자신에 대해 긍정적인 메시지를 보낼 수 있도록 격려를 보내는 것입니다. 이렇게 교사가 따뜻한 응원을 보내면 서준이는 교사의 지도를 지적이나 훈계로 받아들이지 않게 됩니다.

만약 "앞으로 교과서 찢는 행동 같은 건 다시는 하면 안 돼요!"라고 훈육만 했다면 서준이는 "네."라고 대답은 했겠지만, 마음과 의지가 꺾일 수도 있습니다. 어른들도 작은 습관을 바꾸는 데 수십 번의 노력과 실패를 겪습니다. 마찬가지로 어린아이들도 자신의 감정을 조절하고 행동을 바꾸기 위해 많은 연습과 시간을 필요로 합니다. 교사가 아이를 믿고 기다려 준다면, 분명 어제보다 오늘 더 성장하는 모습을 보여 줄 것입니다.

무기력한 아이가 시도를 두려워할 때

수업 중에 무기력한 모습으로 책상에 엎드려 있는 지우. 그동안 누적된 좌절감이 아이의 마음을 가로막아 시작 자체를 포기해 버린 모습입니다. 이러한 상황에서 아이에게 필요한 것은 따뜻한 지지와 격려를 통해 의욕을 되찾아 주는 것입니다.

음악 시간, 실로폰 연주가 한창입니다. 하지만 지우는 책상에 엎드린 채 아무것도 하지 않습니다. 이런 상황에서 교사는 "지우야, 수업 시간 중에 엎드려 있으면 안 돼요. 일어나서 수업에 참여하세요."라고 말할 수도 있습니다. 하지만 지적이나 독려보다 아이에게 도움이 되는 것은 아이가 스스로 할 수 있다고 생각하는 작은 목표를 제안해 보는 것입니다

"지우야, 할 수 있는 것부터 하나씩 함께 해 봐요. '도레미파 솔라시도' 연주하는 것부터 시작해 보는 거예요. 우리 딱 두 번만 해 볼까요?"

아이들은 각자의 방식과 속도대로 성장합니다. 때때로 어려움을 마주하고 좌절할 때도 있지만 우리 아이들은 분명 실패를 딛고 일어설 힘을 갖고 있습니다. 중요한 것은 어려움을 이겨내고 다시 도전할 수 있도록 돕는 것입니다. 다양한 원인으로 어려움을 겪는 지우와 서준이 같은 아이들에게 필요한 것은 감정의 숨통을 터 주는 것입니다. "지금 잘하고 있어요."라는 작은 격려가 좌절감에 억눌린 아이에게는 큰 힘이 됩니다. '다른 친구들은 다음 곡으로 넘어가는데 나는 아직 한 곡도 다 못했어.'라는 압박감이 아이를 짓누르지 않도록 도와주는 것이 중요합니다. 아이가 겪는 작은 실패는 큰 성장의 발판이 될 수 있음을 잊지 말아야 합니다.

선생님의 하루 대화법

포기하려는 아이가 있을 때

강당에서 줄넘기 수업이 있는 날입니다. 수업을 시작하려는데 민석이가 기운 없는 표정으로 고개를 푹 숙이고 다가옵니다.

"선생님, 저 줄넘기 안 하고 싶어요……. 구경만 할래요……."
"민석아, 어디 아파요?"
"몸이 아픈 건 아닌데……, 그냥 하기 싫어요."

줄넘기처럼 기능적인 능력이 중요한 교육활동에서는 아이가 아무리 노력해도 좌절감만 느끼게 되는 경우가 있습니다. 이때 학습된 무력감이 의욕을 잃게 만들 수 있습니다. 또한 주변친구들이 "야, 넌 이것도 못하냐?"라고 놀릴까 두려워 시도조차 않게 되는 경우도 많습니다. 이렇게 수준별 차이가 큰 수업에서는 그룹별 활동을 통해 자신에게 맞는 속도로 진행할 기회를 제공합니다. 이때 교사는 "두 발 모아 뛰기를 못하는 사람은 1번 그룹, 뒤로 넘기를 못하는 사람은 2번 그룹으로 갑니다."라고 안내하는 대신 "오늘 도전하고 싶은 그룹을 선택합니다. 두발 모아 뛰기에 도전하고 싶은 친구들은 1번 그룹, 뒤로 넘기에 도전하는 친구들은 2번 그룹으로 이동합니다."라고 안내합니다. 실력에 따라 구분하지 않고, 스스로 도전 목표를 선택하도록 하는 것입니다. 뒤로 넘기를 충분히 할 수 있는 아이도 오늘은 뒤로 넘기 100개라는 기록에 도전하고 싶다면 2번 그룹에 갈 수 있습니다. 반대로 아직 뒤로 넘기를 못하지만 엑스자 뛰기에 도전하고 싶다면 3번 그룹에 갈 수 있죠. 중요한 것은 아이들이 자신의 목표를 세우고 학습하는 자율성을 갖는 것, 그리고 그 목표를 달성하기 위해 노력하고 도전하는 용기를 갖는 것입니다. 이때 줄넘기를 못 하는 아이들이 위축되거나 자신감을 잃지 않도록 '기본이 중요하다.'라는 말을 꼭 해 줍니다.

"축구를 하든 달리기를 하든, 무언가를 배울 때는 기본부터 익히고 연습하는 것이 중요하죠? 줄넘기에서 가장 기본이 되는 건 줄넘기를 잡는 법, 바른 자세를 익히고 두 발 뛰기를 반복해서 연습하는 것이에요.

'나는 기본부터 탄탄하게 연습하고 배우고 싶다.' 하는 친구들은 1번 그룹으로 갈 수 있어요. '나는 새로운 것에 도전해 보고 싶다!' 하는 친구들은 각자 원하는 그룹을 선택할 수 있어요. 기본을 탄탄하게 연습하는 것도 중요하고, 도전을 하는 것

선생님의 하루 대화법

도 멋진 선택이에요. 각자 원하는 그룹으로 이동해서 성장을 경험해 봅시다! 모두 준비됐나요?"

이러한 그룹별 활동에서 중요한 것은 리더입니다. 단순히 줄넘기를 잘하는 아이를 리더로 선정할 것이 아니라 친구들에게 친절하게 설명할 줄 알고 도전을 응원해 줄 수 있는 아이를 리더로 세워야 합니다. "멋진 리더란 친구를 믿어 주고, 더 잘할 수 있도록 용기를 주는 사람입니다."라고 설명해 주면 존중하는 분위기 속에서 서로를 응원하는 문화가 만들어집니다.

이렇게 구성된 수업에서 아이들은 각자의 수준에 맞는 목표를 세우고, 서로 응원하며 긍정적인 에너지를 주고받습니다. 민석이처럼 자신감이 부족한 아이들도 점차 자신감을 얻고 두려움을 극복하며 줄넘기를 시도할 수 있습니다. 이 과정에서 아이가 느끼는 성취감과 즐거움은 단순히 줄넘기 기술을 익히는 것 이상의 의미를 가집니다.

무엇보다 중요한 것은 '실패해도 괜찮다.'라는 메시지를 지속적으로 전달하는 것입니다. 이번 수업에서 줄넘기 100개에 성공하지 못하더라도 포기하지 않고 조금씩 자신감을 쌓아 가도록 이끄는 것이 교사의 역할입니다. 이러한 수업 방식을 통해 아이들은 자신이 할 수 있는 것부터 시작해 점점 더 큰 목표에 도전할 수 있는 용기를 얻을 것입니다.

★파이팅 용기 선생님!

'용기 선생님'은 친구들이 실패했을 때 포기하지 않도록 응원과 칭찬을 보내는 역할을 합니다. 용기 선생님은 능력이 뛰어난 아이가 못하는 다른 친구를 가르치는 것이 아닙니다. 때문에 이 활동을 위해서는 수업의 분위기와 활동 목표가 중요합니다. 경쟁 중심의 수업 목표, 예를 들어 누가 줄넘기를 더 많이 하는지, 누가 어려운 난이도를 먼저 성공하는지를 목표로 둔다면 용기 선생님 활동도 어려워지겠죠?
용기를 줄 수 있는 구체적인 멘트는 다음과 같습니다.

"괜찮아. 천천히 다시 해 보면 돼."
"지금도 충분히 잘하고 있어."
"괜찮아. 나도 처음에는 정말 못했거든."
"정말 잘했어."
"연습하니까 점점 더 좋아지고 있어."
"실수할 수도 있지. ○○이 파이팅!"
"실수해도 괜찮아. ○○이 멋지다!"

선생님의 하루 대화법

수업 중 돌아다니는 아이가 있을 때

산만한 행동을 보이는 현수는 가만히 자리에 앉아 있는 것이 너무나 어렵습니다. 수업 중 갑자기 일어나 돌아다니는 현수를 보면 교사는 "자리에 앉으세요!"라고 외치기 마련이죠. 아이가 "네!" 하고 앉아 준다면 다행이지만, 계속 돌아다니는 경우도 있습니다. 교사는 현수뿐만 아니라 다른 학생들도 고려해야 하고, 수업을 원활하게 진행해야 하니까요. 교사의 고민은 깊어만 갑니다.

이런 상황에서 쉽게 선택할 수 있는 방법은 현수에게 벌점을 주거나 현수가 돌아다니는 행동에 대해 반응하지 않는 '무시하기' 전략을 사용하는 것입니다. 이러한 방식은 잠깐은 효과를 볼 수 있지만, 현수와 친구들 사이의 관계를 깨뜨리고 '쟤는 수업을 방해하는 애야.'라는 부정적인 인식을 불러일으킬 수 있습니다. 결국 현수가 교실을 돌아다니는 행동은 줄어들더라도 다른 아이들이 현수를 피하거나 지적하면서 선생님에게 고자질하게 될 가능성이 큽니다.

하루에 6교시, 매 교시마다 40분씩 앉아 있는 것은 이런 아이들에게 적합하지 않은 수업 방식입니다. 이럴 때는 아이들이 교실을 돌아다니며 활동할 수 있도록 수업의 재구성이 필요합니다. 예를 들어 국어 시간의 처음 20분은 교과서 지문의 내용을 살펴보고, 나머지 20분은 아이들이 교실을 돌아다니며 친구들에게 자신이 정리한 내용을 읽어 주고 서로 확인하며 사인을 받는 활동을 진행합니다. 이렇게 하면 발표력과 의사소통 능력이 향상되고, 내성적인 아이들은 말하기 훈련을 할 수 있습니다.

"오늘 국어 수업은 처음 20분은 선생님과 교과서 내용을 공부하고, 나머지 20분은 교실을 돌아다니며 친구들과 이야기하는 시간으로 진행할 거예요. 날씨도 덥고 앉아 있기 힘들지만, 우리 20분 동안은 집중해서 공부해 봅시다."

이렇게 수업을 시작할 때 미리 안내해 주면 아이들도 마음을 다잡을 수 있습니다. 정해진 시간과 한계가 있기 때문에 현수 같은 아이도 '20분만 앉아 있으면 되겠네.'라고 마음을 먹고 노력하게 됩니다. 만약 10분은 잘 앉아 있었지만, 그 뒤에 돌아다니기 시작했다면 아이의 노력을 인정해 주고 앞으로 남은 시간을 안내하는 것이 중요합니다.

선생님의 하루 대화법

"현수야, 10분 동안 집중 잘했어요. 이제 10분밖에 안 남았어요. 긴 바늘이 숫자 2로 갈 때까지 조금만 더 집중해 봅시다."

이렇게 말해 주면 현수는 다시 자리에 앉아 집중하려고 노력할 것입니다. 20분이 지난 후에는 "이제 선생님이 설명하는 부분은 끝났어요. 지금부터는 교실을 돌아다니며 친구들과 활동을 해 봅시다!"라고 안내하고, 그때 조용히 현수에게 다가가 아이의 노력을 칭찬하고 격려해 줍니다.

"현수야, 20분 동안 자리에 앉아 있느라 힘들었죠? 역시 현수는 한 번 마음먹으면 잘 해내는 친구예요! 지금부터는 돌아다니면서 몸도 움직이고 친구들이랑 이야기하면서 즐겁게 공부해 봅시다!"

그리고 현수가 좋아하는 노래까지 틀어 주면 선생님께 칭찬을 받은 아이의 얼굴에는 행복이 가득합니다.

아이 마음속에 자신에 대한 신뢰와 믿음이 단단히 자리 잡을 때까지 믿고 기다려 준다면 스스로 성장할 수 있는 힘을 갖게 됩니다. 아이의 타고난 기질을 당장 바꿀 수는 없지만, 즐겁고 성취감을 느낄 수 있는 방법으로 가능성을 열어 줄 수는 있습니다. 교육의 틀에 아이를 맞추는 것이 아니라 아이의 특성에 맞춰 교육의 방법을 바꾸는 것이 중요합니다. 자리에 앉아 있는 것이 쉬운 아이도 있지만, 어려운 아이들도 있습니다. 그런 아이들이 자신이 잘할 수 있는 환경에서 교육을 받으면 자신도 노력하면 할 수 있다는 성취감이 쌓이고, 긍정적인 경험들이 더해지며 자기 통제력을 키울 수 있습니다. 아이를 성장으로 이끄는 것은 '나도 노력하면 할 수 있다.'라는 자기 신뢰감입니다.

★움직이기를 좋아하는 아이를 위한 활동 중심의 수업

글쓰기 수업

: 학생들이 자신이 쓴 글을 짝과 바꿔 읽고 서로의 글에서 좋은 점을 찾아 피드백을 주는 활동을 진행합니다. 이때 포스트잇을 활용하여 피드백을 글로 적어 주는 것도 좋습니다.

수학, 과학, 사회 수업

: 오늘 배운 내용을 바탕으로 서로 퀴즈를 내고 맞히는 방법으로 수업을 진행할 수 있습니다.

그 밖의 수업

: 오늘 배운 내용을 그림으로 그려 보는 활동을 진행하고, 친구들

선생님의 하루 대화법

이 그것을 알아맞히는 활동, 오늘 배운 내용을 몸짓으로 표현하는
활동 등을 진행할 수 있습니다.

과제를 먼저 마친 아이가 있을 때

아이들이 문제를 풀고 있는 조용한 교실에서 한 아이가 "선
생님, 저 다했어요!"라고 외칩니다. 그 순간 교사는 난감함을 느
낍니다. 반 전체의 집중력이 무너지는 것도 걱정스럽고, 선착순
경쟁의 분위기가 생기는 것 또한 우려되기 때문입니다.

아이들은 모두 다른 학습 속도를 가지고 있기 때문에 어떤
아이는 먼저 끝내고, 어떤 아이는 더 많은 시간을 필요로 합니
다. 어떻게 학습 속도의 균형을 맞출 수 있을까요?

먼저 공부를 빨리 끝내고 "다했어요!"를 외치는 아이의 마
음을 살펴보는 것이 필요합니다. 이런 아이들은 교사에게 인정
과 칭찬을 원하며, 선착순 경쟁에서 1등을 차지해야 자신이 이
번 시간 공부를 잘하고 있다고 느낍니다. 대개 주도적이고 적극
적인 모습을 보이는 아이들입니다. 이러한 아이들의 특성을 고
려하여 학습 내용을 향상시킬 수 있는 방법이 있습니다.

우선 수업 시작 전에 모든 아이에게 "학습에서 가장 높은

단계는 무엇일까요? 바로 내가 아는 것을 다른 사람에게 설명하는 것입니다. 머리로는 이해했지만 말로 설명하기가 어렵다면, 아직 완벽하게 이해하지 못한 것일 수 있습니다."라고 설명합니다. 그리고 "오늘 배운 내용을 내 것으로 만드는 가장 좋은 방법은 친구에게 설명한다고 생각하며 연습해 보는 것입니다. 문제를 다 풀었다면 친구에게 설명하듯이 연습해 보세요. 단, 교실에는 많은 친구들이 있으니 마음속으로 말해야 합니다. 속삭이듯 아주 작은 목소리로 말해 보거나, 공책에 써 보는 것도 좋습니다."라고 안내합니다.

이렇게 안내하면 아이들은 수학 문제를 다 풀고 공책에 풀이를 적거나 마음속으로 말하는 활동을 합니다. 이 과정은 보통 5분에서 10분 정도 걸리며, 이후 교사가 전체 수업을 이어 갑니다. 만약 수업이 여기서 끝나 버린다면 친구에게 설명하는 연습을 한 아이들은 실망할 수 있습니다. 그래서 수업 마무리 단계에서 이 아이들이 친구에게 설명할 수 있는 기회를 제공합니다.

"이제부터 5분 동안 교실을 돌아다니며 친구들과 만날 거예요. 오늘 배운 내용 중 중요하다고 생각하는 것을 친구에게 문제로 내거나 친구가 고른 문제를 설명해 줄 수 있습니다. 제자리에서 움직이지 않고 내게 찾아온 친구를 맞이할 수도 있습니다. 원하는 방법을 선택하세요."

아이들은 돌아다니며 친구에게 문제를 내거나 설명해 주고, 제자리에서 친구가 낸 문제를 맞히거나 설명을 요청할 수 있습니다.

이처럼 마음속으로 친구에게 설명하는 연습을 하거나 다른 친구들이 문제를 푸는 시간을 기다려 주는 것만으로도 일찍 과제를 끝낸 아이에게는 의미 있는 배움이 생깁니다. 친구에게 도움을 주는 과정에서 성취감을 느낄 수 있고, 다른 친구들은 또래의 설명을 통해 오늘 배운 것을 한 번 더 정리할 수 있습니다.

중요한 것은 모든 아이가 자기만의 속도로, 수업의 시작부터 마무리까지 적극적으로 참여하고 집중할 수 있다는 것입니다. 수업 시간이라는 제약된 상황에서도 자기 자신에 대한 신념과 믿음, 기대감을 키워 갈 수 있다면, 학습을 빨리 끝내고 "선생님! 다했어요!"를 외치는 아이도, 신중하고 천천히 생각하는 아이도 모두 저마다의 속도대로 학습에 대한 효능감을 높일 수 있을 것입니다.

미술 수업에서 협력을 이끌어야 할 때

아이들이 수업을 따라가는 속도는 제각각 다릅니다. 활동을 빨리 마친 아이들은 지루해하거나 다음 활동을 궁금해할 때가 많죠. 반면 시간이 조금 더 필요한 아이들에게는 이런 상황이 압박으로 다가올 수 있습니다. 특히 아이디어를 생각해 창의적으로 표현하는 미술 수업에서는 이런 차이가 두드러지게 나타납니다. 미술 수업에서는 시간 내에 다 끝내지 못하더라도 자기 생각대로 끝까지 표현하고 싶어 하는 아이들도 있고, 친구와 협력하며 정해진 시간 안에 작품을 마무리하고 싶어 하는 아이들도 있습니다. 이때 아이들이 각자의 속도와 스타일에 맞게 몰입할 수 있도록 수업 환경을 만들어 주는 것이 중요합니다.

예를 들어 미술 수업에서 "선생님! 그림 다 그렸어요!"라고 외치는 아이들과 시간이 부족한 아이들이 있을 때, 교사는 활동을 일찍 마친 아이들에게 "아직 다 못 그린 친구들을 도와줄래요?"라고 말할 수 있습니다. 그러나 자기 작품을 혼자 완성하고 싶은 아이에게 "내가 여기 색칠해 줄게."라고 하며 허락 없이 개입한다면 그 아이는 화가 나고 속상할 수 있습니다. 이런 상황에서 아이들이 서로 협력할 기회를 주기 위해 활동 종료 전에 미리 반 전체를 대상으로 다음과 같이 안내합니다.

"활동 종료까지 10분 남았습니다. 작품을 다 완성한 친구들은 자기 작품을 업그레이드하거나, **출장**을 갈 수 있습니다. 다른 친구와 함께 작품을 완성시키고 싶은 사람은 손을 들어 주세요. 그러면 작품을 마친 친구들이 출장을 갈 거예요. 단, 출장을 원하는 친구들은 주변을 정리한 후, 손을 든 친구에게 가서 협동하고 싶은지 먼저 물어봅니다."

이렇게 안내하면 아직 완성하지 못한 아이들 중 도움을 필요로 하는 아이, 또는 다른 친구와 작품을 함께 완성해도 괜찮은 아이 몇몇이 손을 듭니다. 그럼 일찍 끝낸 아이들은 손을 든 친구에게 다가가 "나랑 협동할래?"라고 묻고, 작품의 주인이 동의하면 함께 활동을 마무리합니다. 친구의 작품을 도와주러 간 친구는 "내가 어떻게 하면 될까?"라고 물어보고, 어떤 부분을 함께하고 싶은지 구체적으로 묻도록 지도합니다. 처음 출장을 갈 때는 이렇게 친구의 동의를 구하고, 친구의 의견을 묻는 방법도 자세히 가르쳐 주어야 합니다.

이런 과정을 통해 아이들이 협력하여 작품을 완성할 기회를 열 수 있습니다. "먼저 끝낸 친구들이 도와줄 거예요." 대신 "친구들이 출장을 갈 거예요."라는 표현을 쓰는 이유는 '도와준다.'와는 표현이 다른 사람을 위해 애쓰는 배려의 마음으로 받아들여질 수도 있지만, 능력을 구분 짓는 표현으로 받아들여질 수도 있기 때문입니다. '출장 간다.'라는 표현은 학습 능력의 구분이 아닌 아이들이 느끼기에 즐겁고 신나는 마음으로 친구의 자리로 찾아가는 것입니다. 반면 '도와준다.'라고 하면 자칫 시간 내에 마무리하지 못한 아이가 '난 미술을 잘 못 해서 완성하지 못했구나.'라는 부정적인 감정을 느낄 수 있습니다. 특히 미술과 같은 활동을 할 때는 집중해서 섬세하게 표현하고 싶어 하거나 골똘히 고민하느라 시간이 오래 걸리는 아이들이 많습니다. 그렇기에 시간이 더 걸린다고 해서 능력이 부족하다고 느끼지 않도록 하는 것이 중요합니다.

놀이와 배움의 균형을 찾아야 할 때

학교에서 아이들이 가장 좋아하는 시간은 바로 친구들과 노는 시간입니다. 40분 동안 수업에 집중한 뒤 쉬는 시간 종이 울리면 아이들은 "아까 하던 공기놀이 하자!", "지우개 따먹기 하자!"라고 외치며 삼삼오오 모여 즐겁게 놉니다. 그러나 아쉽게도 짧은 쉬는 시간은 금방 지나가고 다시 수업 시간 종소리가 울려 퍼집니다.

놀고 있던 아이들은 종소리에 깜짝 놀라 허둥지둥 놀잇감을 정리하기 시작합니다. 사실 아이들이 놀이에 푹 빠져 시간을 잊는 것은 너무나 자연스러운 현상입니다. 누구나 재미있는 일을 할 때는 시간이 순식간에 흐르는 법이니까요. 특히 친구들과 함께 놀면서 생기는 즐거움은 그 어떤 것과도 바꿀 수 없는 귀중한 경험입니다.

아이들이 놀이에 흠뻑 빠져 종소리를 못 듣는 일이 자주 생긴다면 미리 시간을 안내해 주는 건 어떨까요? "이제 놀이 시간이 2분 남았습니다. 정리를 시작해 주세요."라고요. 그럼 아이들은 남은 시간을 알고 차근차근 정리할 수 있게 됩니다. 타이머를 교실의 TV 화면에 크게 띄워 두면 아이들이 스스로 시간을 관리하는 데 도움을 받을 수 있습니다. 물론 정리 시간이 부족한 경우도 생길 것입니다. 이럴 땐 "친구와 재미있게 노느라 시간 가는 줄 몰랐군요. 그럴 땐 정리하는 게 좀 힘들 수 있죠."라고 공감의 말을 덧붙입니다. 그리고 "이제부터 정리하는 거예요!"라고 다시 한번 강조해 줍니다.

아이들이 혼란스러워할 때는 교사가 아이들의 행동을 부드럽게 지도하는 것이 중요합니다.

"지금 여러분이 즐겁게 놀고 있는 모습이 참 보기 좋아요. 하지만 이제는 수업을 위해서 정리할 시간입니다. 놀던 것을 함께 정리하고 수업을 준비해 봅시다."

이렇게 진심으로 다가가면 아이들은 긍정적인 에너지를 느끼고, 스스로 변화를 이끌어 냅니다.

선생님의 하루 대화법

학교에서 놀이 시간은 단순히 놀이의 역할만 하는 것이 아닙니다. 친구들과 소통 및 유대감을 형성하는 소중한 기회입니다. 아이들이 편안하게 놀 수 있도록 이해와 배려를 보낸다면 수업 시간에도 더 즐겁고 집중하는 모습을 보일 것입니다. 아이들을 믿고 그들이 자라는 모습을 지켜보세요.

다른 사람들과 함께해야 할 때

학교생활을 하다 보면 다른 반, 다른 학년의 학생들이 함께 모여 활동하는 경우가 종종 있습니다. 아이들은 다른 반 친구들을 만나면 흥분 지수가 높아져 소리를 지르거나 평소보다 과격한 말투와 행동을 보이기도 합니다. 아이들의 입장에서 생각해 보면 다른 반 친구들을 만나서 반갑고 작년 단짝 친구를 만나 흥분되는 것이 너무나 자연스러운 모습입니다.

따라서 다른 반과 합동 수업을 하게 되면 무조건 "조용히 하세요.", "말하지 않습니다.", "떠들지 않습니다."라고 안 되는 것만 강조할 것이 아니라 아이들의 들뜬 마음과 반가운 감정을 충분히 인정해 주고, 어느 정도까지 행동해도 되는지 구체적으로 안내해 공동체 생활에서의 예절과 배려를 가르치는 것이 중요합니다. 예를 들어 단체 수업 전에는 다음과 같이 안내합니다.

"오늘 5교시는 강당에서 3학년 전체 인형극 관람 수업이 진행됩니다. 3학년 전체가 만나는 시간이니 반가운 친구를 보면 당연히 인사하고 이야기도 하고 싶겠죠? 하지만 3학년 전체가 모인 공간에서 큰 소리로 인사하면 너무 시끄러울 거예요. 그러니 반가움을 표현할 때는 큰 소리로 인사하는 대신 손을 흔들고 눈인사만 나누도록 합니다. 화장실을 가고 싶거나, 오래 앉아 있기 힘들거나, 몸이 아픈 경우에는 손을 들어서 선생님께 도움을 요청합니다."

이렇게 사전에 충분히 안내한 뒤, 강당에 도착하자마자 다시 한번 주요 내용만 짧게 전달하고 다짐하는 말을 작게 소리 내 따라 하게 하는 것도 좋습니다.

"자, 선생님이 하는 말을 작은 목소리로 따라 해 봅시다.
다른 반 친구들과는 눈인사를 합니다.
도움이 필요한 경우에는 손을 듭니다."

선생님의 하루 대화법

다른 사람과 함께 있는 공간에서 지켜야 할 예절은 무엇인지, 상대를 배려하는 행동은 무엇인지, 다수가 모인 공간에서 나의 의사 표현을 어떻게 해야 하는지를 배우는 곳이 바로 학교입니다. 이와 같은 주의사항은 강당뿐만 아니라 합동 체육 수업이나 단체 버스 이용 등 다양한 상황에 따라 유연하게 적용될 수 있습니다. 그렇게 한다면 아이들은 교사의 가르침을 다시 한번 새기며 공동체 생활에서의 소중한 규범을 하나씩 익혀 갈 것입니다.

★3월 첫 수업 참여율 높이는 법

수업을 처음 할 때 꼭 하는 말이 있습니다. 예를 들어 6학년 수학 첫 시간이라면 "5학년 때 배운 내용이라서 기억이 안 날 수 있어요. 선생님과 차근차근 다시 배워 봅시다."라는 말로 시작하는 겁니다. 이건 "5학년 때 배운 거니까 다들 알고 있겠지?"가 아니라 "기억이 나지 않을 수도 있으니까!"라는 말로 혹시라도 아이들이 학습에서 위축되는 위험을 차단하는 겁니다. 이렇게 배려해 주면 아이들은 '올해는 공부를 열심히 해야지!'라는 새로운 각오로 수업에 임합니다. 학습도 개념부터 차근차근 알려 주다 보면 공부를 잘하는 아이도 못하는 아이도 모두 반짝반짝 빛나는 눈망울로 수업에 참여하는 모습을 볼 수 있습니다.

협동심을 길러 주고 싶을 때

체육 시간이 있던 날, 학교 사정으로 갑자기 강당에서 사용할 수 없다는 소식이 전해졌습니다. 이런 경우 아이들은 기대했던 체육 활동을 할 수 없게 되어 아쉬워할 수 있습니다. 이때 교사는 아이들의 마음을 다독이며 "오늘 체육 수업은 강당 대신 운동장에서 합니다."라고 대안을 제시할 수도 있습니다. 하지만 이보다 나은 방법도 있습니다. 아이들의 관심을 긍정적으로 전환하고, 새로운 목표와 도전 의식을 심어 주는 방법입니다. 예를 들어 다음과 같이 이야기하는 것입니다.

"오늘 3교시에 강당에서 학교 행사가 있다고 해요." **→문제
상황 던지기**

"어? 우리 3교시 체육인데? 그럼 강당 못 가요?"

"그러게 말이에요. 3교시에 강당에서 중요한 행사가 있다고 하네요."

"그럼 운동장에서 체육 수업해요?"

"운동장에선 다른 반이 수업을 할 수도 있어요. 그건 선생님이 양해를 구해 봐야 해요."

"선생님, 운동장 옆 작은 경기장에서 하는 건 어때요?"

"그곳을 사용할 수도 있지만, 공간이 좁아서 우리 반 모든 인원이 동시에 배드민턴을 하기엔 무리가 있어요. 다만, 순서를 기다리며 배려한다면 가능할 거예요."

"할 수 있어요! 순서를 정해서 하면 될 것 같아요!"

"그럼 어떻게 하면 더 원활하게 할 수 있을지 함께 생각해 볼까요?"

(아이들과 아이디어를 나눕니다.)

"우리가 협동하고 배려하면 문제도 자연스럽게 해결될 거예요. 서로를 배려하고 응원하는 건 어른들에게도 어려운 일이에요. 하지만 우리 3반 친구들, 같이 해 볼까요?" ⟶ **새로운 목표 및 도전 과제 제시**

문제를 해결하는 과정에서 아이들은 다양한 의견을 내고 더 좋은 방법을 찾기 위해 고민합니다. 처음에는 강당을 사용할 수 없어 아쉬웠지만, 친구들과 머리를 맞대어 문제를 해결하는 과정이 아이들에게 큰 만족감을 줍니다. 때문에 좁은 공간에서 자기 순서를 기다리는 것도 기꺼이 받아들이고, 그 상황에서 즐기는 방법을 스스로 찾기 시작하죠.

체육 수업을 즐겁게 마친 아이들은 '우리가 함께 해결한 방법이 멋지다!'라는 생각에 나중에 비슷한 문제가 생겨도 '이 정도는 우리가 해결할 수 있다!'라는 자신감을 보입니다. 아이들이 스스로 문제를 해결한 것에 대해 교사가 격려하면 아이들은 앞으로 더 곤란한 상황이 닥쳐도 자신들의 힘으로 문제를 해결하기 위해 고민하고 도전할 것입니다.

이처럼 단순히 대안을 제시하는 것에 그치지 않고 새로운 목표를 제시하면 아이들은 불편함을 넘어서 협력과 배려의 가치를 배우게 됩니다. 기다리는 시간을 지루하게 보내는 것이 아니라 친구를 응원하고 순서를 지키는 성숙한 시간으로 보내는 것입니다. 교사가 아이들의 관심을 새로운 방향으로 이끌 때, 아이들은 도전을 통해 성장하고 더 큰 만족감을 느끼며 배움을 경험할 것입니다. 이것이 바로 교사의 역할 아닐까요?

선생님의 하루 대화법

아이의 창의력을 칭찬할 때 │ 갈등을 예방하는 수업 환경이 필요할 때 │ 아이의 주도성을 빛내 주고 싶을 때 │ 용기를 주고 싶을 때 │ 아이의 성장을 이끌고 싶을 때 │ 다시 해 오라고 말해야 할 때 │ 격려의 말이 필요할 때 │ 학습 만족감을 채워 줘야 할 때 │ 주의! 아이와의 관계가 깨질 때

아이의 창의력을 칭찬할 때

평소 말수가 적고 쉬는 시간에도 친구가 다가올 때까지 혼자 그림만 그리던 채민이가 어느 날 등교하자마자 저에게 다가와 눈을 반짝이며 말을 건넸습니다.

"선생님, 제가 '연필 자'를 발명했어요."

15센티미터 자에 테이프로 연필을 붙여 대강 그어도 반듯하게 줄이 그어지는 발명품을 개발했다는 거예요. 이처럼 반에서 자신감이 부족한 아이, 평소 목소리가 작고 연약한 모습을 보이는 아이가 용기를 내서 선생님께 말을 건넬 때는 어떻게 반응하면 좋을까요? 교사가 단순히 "어 그래, 잘 만들었네요!"라고만 한다면 칭찬해 준 선생님께 고맙긴 하지만, 인정받은 마음이 채워지지 않아 조금 서운할 수 있습니다. 중요한 건 아이가 스스로 대단하다고 느끼도록 자신감을 키워 주는 말을 건네는 것입니다. 그래서 저는 아이가 만든 작품이 멋지다는 말 뒤에 자신이 발명했다는 것을 자랑스럽게 여길 수 있도록 이 질문을 덧붙입니다.

"어머 세상에! 정말 멋지다. 어떻게 이런 대단한 발명품을 만들었어요? 이거 누가 생각한 거예요?"

"제가 혼자서 발명한 거예요."

"정말? 이걸 채민이가 혼자서 한 거예요? 와! 정말 대단하네요? 이건 세상에 하나밖에 없는 소중한 건데 책가방에 넣었다가 구겨질 수 있잖아요. 선생님이 아끼는 예쁜 봉투가 있는데 우리 채민이에게 선물로 줄게요. 여기에 담아 갈래요?"

"이거 누가 생각한 거예요?"라는 표현 덕분에 아이는 자신이 대단한 능력을 지닌 사람이라는 생각을 하게 됩니다. 선생님이 건넨 봉투에 자신의 발명품을 담는 아이의 손길에는 스스로에 대한 자긍심이 가득합니다. 그리고 '우리 선생님은 나를 사랑해 주셔. 나를 소중하게 생각해 주시는 분이야!'라고 느끼게 되지요.

저는 아이들이 고민해서 접은 종이접기 작품, 최선을 다해 그린 그림, 아이디어를 접목해 만든 발명품 등을 가져올 때 아이가 고민하고, 창작하고, 자랑하고 싶어 교사에게 보여 주기까지 기대한 감정에 공감하려고 노력합니다. 그리고 그 과정에서 '얼마나 큰 용기를 내 나에게 말을 건네고 발명품을 보여 주었을까?' 생각합니다.

아이들은 인정받고 확인받고 싶은 마음에 어른들에게 자신의 작품을 보여 주며 반응을 보고 싶어 하고 자신의 작품에 관해 설명해 주고 싶어 합니다. 그런데 교사가 바쁘다는 이유로 컴퓨터만 바라보면서 "응, 그래 그래."라고 건조하게 대답한다면 그 순간 아이의 마음은 어떨까요? 새로운 것에 도전하는 과정에서의 재미를 잃고 의욕도 꺾이게 되겠지요. 또한 '선생님은 나에게 관심이 없으셔 내가 만든 건 형편없나 봐.'라고 생각하게 될지도 모릅니다.

우리는 자에 연필을 테이프로 붙일 고민을 시작한 9살 아이가 최고의 발명가가 될 무한한 가능성과 잠재력을 지닌 존재임을 알아보아야 합니다. 아이는 분명 교사가 믿어준 만큼, 아니 어쩌면 그 이상으로 크게 자라게 될 것입니다.

★아이의 상상력과 자신감을 키워 주는 방법

① 교실에 여분의 종이 가방을 챙겨 둡니다.
② 아이가 작품을 만들어서 교사에게 자랑한다면 이렇게 말해 주세요.

선생님의 하루 대화법

"이건 세상에 하나밖에 없는 소중한 작품이네요. 그런데 책가방에 넣었다간 구겨질 수 있잖아요. 선생님이 정말 아끼는 예쁜 봉투가 있는데, 우리 ○○이에게 선물로 줄 테니까 소중한 작품을 여기에 안전하게 담아 가지 않을래요?"

갈등을 예방하는 수업 환경이 필요할 때

모둠 협동 작품이나 게임 활동에서 아이들 간 갈등은 흔합니다. 예를 들어 협동 작품을 그리며 파스텔을 사용한다면 "빨리 파란색 쓰고 줘!", "선생님! 시환이가 혼자만 파란색 쓰고 안 줘요!"라며 다툼이 발생하곤 합니다. 이러한 상황에서 교사는 즉각 "서로 사이좋게 양보하면서 사용하세요. 친구가 다 할 때까지 기다려 줍니다.", "혼자만 쓰는 게 아닙니다. 다른 친구도 써야 하니까 얼른 쓰고 넘겨주세요."라는 말로 간단히 상황을 정리할 수 있습니다. 겉보기엔 교사의 말에 따르며 문제가 일시적으로 해결되는 듯 보이지만, 그 이면에는 불편한 감정이 도사리고 있습니다. 파스텔을 주고받는 과정에서 아이는 마치 소중한 물건을 강제로 빼앗긴 듯한 기분을 느낄 수 있고, 그 상황을 이른 친구에게 미운 감정이 남아 있을 수도 있습니다. 그렇기에 수업이 시작할 때 서로에 대한 이해와 양보하고 함께 활동할 수 있는 방법을 가르쳐 주는 것이 좋습니다.

"오늘은 파스텔로 풍경화 그리기를 합니다. 학교에서 제공하는 파스텔은 어떤 색깔이 적을 수도, 없을 수도 있어요. 나는 하늘을 표현해서 파란색을 많이 쓰고, 어떤 친구는 들판을 표현해서 갈색과 초록색을 많이 사용할 수도 있으니까요. 그럼 각자 사용한 파스텔의 색과 양이 다르겠죠? →**이해**

부족하거나 없는 색깔이 없으면 서로 빌려주면서 함께 사용합니다. 이때 말없이 가져가면 친구가 당황할 수 있으니, "나 파란색 사용해도 될까? 쓰고 바로 가져다 줄게."라고 허락을 구합니다. 친구가 이렇게 요청하면 "그래, 알겠어."라고 정확하게 대답해 줍니다. 그리고 빌려서 사용 후에는 바로 가져다 줍니다." →
대화의 방법

서로 물건을 빌리고, 빌려주는 과정에서 어떻게 말을 해야 하는지 알려 주면 아이들은 기꺼이 즐거운 마음으로 함께 물건을 사용하는 방법을 배울 수 있습니다.

이런 수업을 통해 아이들은 갈등을 해결하는 능력뿐만 아니

선생님의 하루 대화법

라 함께 협력하는 데서 오는 기쁨을 느낄 수 있습니다. 작은 물건 하나를 나누는 일조차 깊은 감정과 연결이 되어 있음을 깨달으며, 아이들 간의 관계를 더욱 돈독하게 만들어 줍니다. 수업의 시작부터 이러한 소통의 중요성을 강조하고, 아이들이 서로를 존중하고 배려하며 성장할 수 있도록 돕는 것이 중요합니다. 이러한 경험은 수업 속 갈등을 예방하고, 더 건전한 또래관계를 만드는 밑거름이 되어 줄 것입니다.

아이의 주도성을 빛내 주고 싶을 때

아이가 무엇을 어떻게 해야 할지 몰라 학습을 일찍 끝마치거나 대충하고 마무리를 지을 때가 있습니다. 예를 들어 미술 시간에 구름은 하얀색이니까 색칠하지 않았다면 어떻게 말해 줘야 할까요? "민호야, 여기 나무를 여름 느낌으로 표현한 부분이 멋지네요. 그런데 구름은 하얀색으로 표현하고 싶어서 일부러 색칠을 안 한 거예요?"라고 물어 보면 아이는 "네, 구름은 하얀색이라서 일부러 색칠을 안 한 거예요."라고 말합니다.

이때 교사가 "구름은 하얀색만 있는 건 아니에요. 하늘색도 있고, 회색이 섞여 있기도 하거든요. 그러니까 구름을 다시 색칠해서 가져올래요?"와 같이 구름의 색을 알려 주고 다시 색칠해서 가져오라고 한다면 아이는 구름을 표현하는 재미보다는 마지못해 대충 색을 칠해서 가져올 가능성이 큽니다. 이렇게 아이가 무엇을 해야 할지 모르거나, 어떻게 해야 할지 몰라서 하지 못할 때, 주도성을 발휘하도록 돕기 위해서는 아이디어를 스스로 찾을 기회를 주어야 합니다. 예를 들어 "창문 너머로 구름을 관찰해 볼래요?" 혹은 "구름에 어떤 색이 섞여 있는지 한번 찾아볼까요?"와 같은 말을 통해 아이가 직접 관찰하고 다양한 색을 발견하도록 도와줄 수 있지요.

"구름이 어떤 색인지 한 번 보고 올래요?"
"네. (잠시 후) 선생님, 구름을 관찰해 보니까 회색이랑 하늘색이 살짝 섞여 있어요."
"그럼 민호가 본 구름의 느낌을 색으로 표현해 볼래요?"
"네! 완성하고 올게요!"
(완성 후) "우와, 민호가 하늘을 잘 관찰해서 색을 이렇게 표현하니까 작품에 생동감이 더해졌네요. 앞으로도 지금처럼 잘 관찰하면 민호가 표현하고 싶은 색을 찾을 수 있을 거예요."

구름을 스스로 관찰하고 색칠한 후 작품이 더욱 멋있어지자 아이는 자신의 작품에 대해 한층 더 큰 만족감을 느꼈습니다. 그리고 앞으로 표현 활동을 할 때 어떤 부분을 보완해서 노력해야 할지도 깨닫게 되었지요. 무엇보다 중요한 건 '교사가 시켜서'가 아닌 '스스로' 구름을 관찰하고 느낀 것을 표현하는 과정을 통해 해냈다는 성취감을 느낀 것입니다.

이렇게 교사와 함께 생각하고 탐색하는 시간을 가지면 아이는 새로운 시각을 통해 표현의 즐거움을 발견하게 됩니다. 단순히 방법을 알려 주는 것보다 스스로 관찰하고 발견할 기회를 제공하면 아이의 사고력도 확장되고 주도성을 꺼내 줄 수 있습니다. 이러한 경험을 통해 아이는 다음 미술 수업에도 더욱 의욕적으로 임하고 자기만의 색감을 찾아 창의적으로 색을 사용하려고 노력할 것입니다. 이처럼 관찰과 발견을 통해 스스로 배우는 과정은 아이의 주도성을 이끄는 힘이 됩니다.

용기를 주고 싶을 때

종이접기 수업이 있는 날, 영민이가 시무룩한 표정으로 다가와 말합니다.

"선생님, 저 종이접기 잘 못해요. 여러 번 해 봤는데 항상 실패해서 이제는 아예 안 하고 싶어요."

영민이의 이런 말은 수업에서 실패할까 두려운 마음을 표현하는 것입니다. 이처럼 아이가 과거의 실패 경험 때문에 시도조차 두려워할 때, 그 아이가 스스로 도전하고픈 마음이 들도록 살짝 용기를 북돋워 주는 것이 중요합니다. "그래도 해 봐야죠."라는 의무감보다는 "종이로 꽃을 접는 게 어렵긴 하지만, 도전해 볼래요?"와 같이 도전하고 싶은 마음을 툭 건드려 주는 것이 좋습니다. 직접적인 표현 대신 도전하고 싶은 동기가 생기도록 아이의 옆구리를 쿡! 건드려 주는 거예요. 이렇게 물으면 아이는 고민하면서도 의지를 가질 수 있습니다.

이 방법을 통해 다양한 상황에서 아이들의 도전을 이끌 수 있습니다. 예를 들어 아이가 수학 시험에서 낮은 점수를 받아 포기하고 싶어 할 때, 또는 학급의 새로운 역할에 참여하는 것을 망설일 때, 발표에 대한 두려움 때문에 손을 들지 않으려 할 때도 "수학은 참 어려운 과목이지만, 이번 문제에 도전해 볼래요?" 또는 "발표는 떨리지만, 한번 도전해 볼래요?"라고 제안하면 의무감이 아닌 자발적인 도전 의지를 키우게 됩니다.

"종이접기 수업이니까 반드시 해야 하는 거예요." 대신 "종이접기에 도전해 볼래요?"라는 표현을 사용하는 이유는 '도전'이라는 단어가 아이들로 하여금 성취감과 자기 효능감을 느끼도록 도와주기 때문입니다. 아이들은 도전 자체에서 자신감을 얻으며, 비록 원하는 결과를 얻지 못하더라도 용기 있게 시도한 자신을 자랑스러워합니다. 아이들이 용기 있는 사람으로 성장하도록 돕기 위해서는 도전을 선택하고 두려움을 극복할 기회를 주는 것이 중요합니다. 도전할 기회를 주는 것은 아이들이 스스로 성장할 기회를 줄 뿐더러 자기 자신을 신뢰할 힘 역시 되어줄 것입니다.

아이의 성장을 이끌고 싶을 때

때로는 아이들이 자신의 성장을 느끼기 위해 교사의 언어보다 아이들의 언어로 소통하는 것이 나을 때가 있습니다. 한 아이가 "선생님, 시도 다 쓰고 그림도 다 그렸어요!"라고 외칩니다.

그때 저는 "정말 멋지다! 그림이 있어서 시의 내용이 더 잘 이해돼요. 그런데 혹시 업그레이드하고 싶으면 선생님이 도와줄게요."라고 답합니다. 아이는 "어…… 저…… 업그레이드할래요." 라고 말하고, 저는 "그럼 공책을 멀리서 봅시다. 어떤 부분을 더 보충하면 좋을까요?"라고 질문합니다. 아이가 "이쪽이 허전해요. 여기에 꽃을 더 그려야겠어요."라고 하면, "좋은 생각이에요! 그럼 업그레이드해서 가져올래요?"라고 응원합니다.

요즘 아이들은 '업그레이드'라는 말을 자주 사용합니다. '기존의 성능보다 조금 더 나은 것으로 개선한다.'라는 의미인데, 이 단어에는 '지금도 괜찮지만, 더 좋게 만들 수 있다.'라는 긍정적인 의미가 담겨 있습니다. 저는 이 단어를 통해 아이의 현재 노력한 결과물을 인정하고 존중할 수 있는 방법을 찾습니다. "지금 한 것도 좋아. 그런데 네가 한 단계 더 멋지게 바꾸고 싶다면 그 방법을 알려 줄게."라는 뜻이 있죠.

아이들이 일상 속에서 사용하는 언어로 대화하면 길게 설명하지 않더라도 그 의도를 명확히 전달할 수 있습니다. 수업 중 시간이 부족할 때는 "업그레이드해 볼까요?"라고 한 마디 던지면 자연스럽게 의도를 전달할 수 있습니다. 만약 아이가 "아뇨." 라고 하면, "그래요. 나중에 마음이 바뀌면 언제든 이야기하세요."라고 대답해 기회를 열어 줍니다. 처음에는 거부감을 보였지만 다른 친구들의 작품이 업그레이드되는 것을 보며 마음이 변할 수도 있거든요.

> ★자기평가로 학습 효과 높이는 전략
>
> 결과물을 두 걸음 떨어져서 살펴보면 어떤 부분을 보완하면 좋을지 스스로 발견할 수 있습니다. 따라서 글쓰기, 미술, 시화 등의 학습을 마친 아이들은 교실 한편에 자기 공책을 올려 두거나 다른 친구에게 자기 작품을 들어달라고 요청해 객관적으로 자기평가를 해 보도록 지도합니다. 이때 다른 친구들 작품을 함께 두고 서로 비교하지 않도록 주의사항을 안내합니다. 한 사람씩 차례로 진행합니다. 오롯이 자신의 작품만 바라보라고 알려 줍니다.

다시 해 오라고 말해야 할 때

교사는 국어 시간 글쓰기 피드백을 줄 때 많은 말을 쏟아내게 됩니다. 또는 수학 익힘책이나 독서록을 검사할 때처럼 아이들이 학습한 것에 대해 검토하고 평가할 때가 그렇죠. 하지만 이때 교사의 의도와는 다르게 피드백을 받는 학생들은 마치 자신이 지적받고 있다는 기분이 드는 경우가 많아 잘하고 싶은 의욕이 '싹~' 사라지곤 합니다.

예를 들어 현호가 글쓰기를 검사받으러 갔을 때 교사가 "글씨를 못 알아보게 썼네요. 그럼 선생님이 읽을 수가 없어요. 알아볼 수 있게 다시 써서 갖고 오세요."라고 했습니다. 그러자 현호는 시무룩한 표정으로 "네."라고 대답하며 돌아갔습니다. 그런데 다시 쓰기는커녕 의욕 없는 표정으로 딴청을 부리기 시작했죠. 현호가 이렇게 시무룩해진 이유는 무엇일까요? 교사의 표현 속에 어떤 문제가 숨어 있었던 걸까요?

첫째, 문장에 주어가 숨어 있습니다. "(현호가) 글씨를 못 알아보게 썼네요."라는 표현은 교사는 글씨에 대해 말하고 있지만, 듣는 아이는 자신이 '글씨도 못 쓰는 사람'이라는 평가를 받았다고 느끼게 됩니다. 따라서 주어를 '학생'에서 '글씨'로 바꾸어야 합니다. 즉, "글씨가 알아보기 어렵네요."라고 표현하는 것이죠.

둘째, 아이가 노력한 모든 부분을 부정하는 뉘앙스를 풍기고 있습니다. 교사가 부정적인 피드백을 줄 때는 전체가 아닌 특정 부분만 지적하는 것이 중요합니다. 아이가 열심히 쓴 글 전체를 부정하면 그동안의 노력이 물거품이 되기 때문입니다. 이럴 땐 "여기 두 번째 줄의 글씨가 알아보기 어렵네요."라고 구체적으

선생님의 하루 대화법

로 지적해 주는 것이 좋습니다.

셋째, 아이 스스로 '나는 할 수 없다.'라고 느끼게 만드는 문장입니다. "글씨를 알아볼 수 있게 다시 써 오세요."라고 하면 현호는 불가능한 일을 요구받고 있다는 생각을 합니다. 글씨를 잘 쓰고 싶다고 해서 갑자기 명필이 될 수는 없죠. 이럴 땐 아이의 수준에서 실현 가능한 목표를 제시해 주는 것이 중요합니다. 예를 들어 "여기 두 번째 줄에서 'ㅎ'과 'ㅅ'을 또박또박 다시 써 봅시다."라고 말하면 현호는 그 두 글자를 잘 쓰는 것은 가능하다고 느낄 것입니다. 그럼 피드백을 듣고 기꺼이 "네, 다시 써 볼게요."라고 대답하며 열심히 노력할 것입니다.

아이의 지속적인 성장과 발전을 위해 잘못된 부분을 바로잡고 싶을 때는 아이가 노력한 과정과 그 과정에서 보여 준 애쓰는 마음을 지켜 주는 것이 무엇보다 중요합니다. 그래서 저는 모든 아이에게 같은 기준이나 목표를 세우기보다는 각 아이의 수준에 맞게 개별적인 피드백을 주려고 노력합니다. 그리고 한 번에 완벽한 변화를 요구하기보다 아이가 학습에 대한 흥미와 동기, 자신감을 잃지 않도록 단계별로 안내합니다.

아이의 수준과 특성을 고려하지 않고 동일하게 지시한다면 열심히 도전한 아이를 좌절하게 만들 수 있습니다. 그 아이가 할 수 있는 수준에서부터 계단을 한 칸씩 올라가듯, 차근차근 손을 잡고 걸어가다 보면 원하는 목표에 도달하게 될 것입니다.

격려의 말이 필요할 때

"오늘은 봄에 관한 시를 써 보겠습니다."

"선생님, 시 다 썼어요!"

"여기와 여기 맞춤법이 틀린 것 같아요. 그리고 글씨를 반듯하게 써야겠죠. 여기 이 부분도 다시 고쳐 오고, 분량이 두 줄밖에 안 되니까 좀 더 길게 써 보도록 해요."

만약 아이를 이런 방식으로 지도한다면 어떨까요? '시 쓰는 건 지겨워. 재미도 없어. 시를 왜 쓰라고 하는 거야?'라고 생각하며 흥미를 잃어버릴지도 모릅니다. 교사는 교육자 입장에서 지도해야 할 부분을 강조하는 것이지만, 시 쓰기에서 가장 중요한 것은 자기의 생각과 감정을 창의적으로 표현하도록 이끄는 것입니다. 그런데 문법적인 요소와 틀린 부분을 먼저 지적하면 아이들의 창의적인 생각은 멈춥니다. 창의력은 그저 활동지를 푼다고 생기는 것이 아니라 정서와 깊은 관련이 있기 때문입니다. 새로운 것을 시도했을 때 온전히 받아들여지는 경험이 있어야 비로소 생각을 쏟아 낼 수 있습니다. 그런 다음에 보완이 필요한 부분을 하나씩 다듬는 것이죠. 하지만 이 순서를 바꾸어 버리면 아이들의 창의력을 막는 걸림돌이 되고 맙니다.

창의력도 키워 주고 학습도 충분히 할 수 있도록 이끌기 위해서는 어떻게 해야 할까요? 우선 아이가 노력해서 쏟아 낸 생각을 존중받을 수 있게 해야 합니다. 얼토당토않은 생각일지라도 수치심을 느끼지 않도록 따뜻한 말을 건네는 것이 중요합니다. 예를 들어 글의 내용을 보충하도록 유도하고 싶을 때 이렇게 해 보는 건 어떨까요?

"봄이 되어 꽃이 피었네요!' 꽃이 피고 나서 나비가 찾아왔을까, 꿀벌이 찾아왔을까? 다음 내용이 너무 궁금해요!"

"꿀벌이 찾아왔어요."

"아! 꿀벌이 찾아왔구나. 선생님은 꿀벌이 찾아온 이야기가 듣고 싶은데 그걸 좀 더 보충해 보면 어떨까요?"

"좋아요! 꿀벌 이야기 써 올게요!"

또 시화를 그릴 때도 도화지에 그리기 전에 연습 공책에 연필로 먼저 그리게 하고, 시를 쓰도록 합니다.

"선생님, 공책에 시 쓰고, 시화도 그려 봤어요."

"와! 정말 재미있는 시네요. 그럼 우리 은원이가 쓴 시가 더 멋진 작품이 되도록 선생님이 맞춤법이랑 줄 맞추는 것만 좀 도와줄까요?"

"네! 좋아요."

"여기 이 글자는 이렇게 고치면 되고, 여기서 문장이 끝나니까 줄을 바꿔 주는 거예요. 이렇게 하면 은원이가 전달하고 싶은 꽃 이야기에 더 집중할 수 있거든요. 어때요? 맘에 드나요?"

"네! 왠지 시가 더 좋아 보여요. 맘에 들어요!"

"그럼 이제 도화지에 시를 옮겨 볼까요?"

여기서 가장 중요한 것은 교육적 목적을 지나치게 강조해 아이가 자신의 생각과 마음을 쏟아 표현한 내용을 지시나 명령, 지적하는 언어로 다루지 않는 것입니다. 아이가 최선을 다해 표현한 지금의 작품도 충분히 멋지다는 것을 먼저 인정해 주어야 합니다. 그리고 아이의 작품을 수정할 때는 동의를 구해야 합니

선생님의 하루 대화법

다. 글쓰기, 그림 그리기, 춤 등 모든 작품의 주인은 그 작품을 만들어 낸 아이입니다. 어른의 기준으로 하찮다고 치부한다면 아이의 상상력과 창의력의 성장을 막는 것과 다름 없습니다. 별 것 아닌 작품에도 아이의 지혜, 마음, 정성, 상상력이 담겨 있다는 사실을 잊지 않아야 합니다.

학습 만족감을 채워 줘야 할 때

아이들이 해낸 학습 결과물을 확인할 때, "꼼꼼하게 색칠했네요.", "글씨를 또박또박 잘 썼네요.", "다 맞았네요." 같은 칭찬을 자주 합니다. 그런데 20명이 넘는 아이들 사이에서는 이러한 피드백이 희비를 갈라놓을 수 있습니다. '꼼꼼하게', '또박또박'과 같은 형용사는 결과물의 수준을 비교하는 기분을 불러일으켜 칭찬받은 아이 주변의 다른 친구들은 교사에게 다가오지 못하도록 장벽을 세우기도 하고, 또래관계에서 비교, 경쟁, 시기, 질투를 느끼게 만들 수도 있습니다.

예를 들어 그림을 바탕까지 잘 색칠한 아이에게 "꼼꼼하게 색칠했네요."라고 피드백했다면 인정받은 아이는 기분이 좋겠지만, 색칠하는 것이 어려운 아이들은 지레짐작으로 그림 검사를 받으러 나오지 않거나 교사가 다가오면 그림을 구겨서 서랍에 넣거나 제 손으로 그림을 가리는 행동을 보일 수 있습니다. 교사는 그 아이에게 어떠한 지적이나 비난도 하지 않았는데 말이죠. 가정에서 부모가 자녀에게 일대일로 피드백했다면 아무렇지도 않았을 일이지만, 교실에는 다른 아이들이 함께 있으므로 피드백을 듣게 되는 다른 아이들의 마음도 헤아려야 합니다.

아이의 작품을 다룰 때는 "왜 여기에 이런 색을 사용했나요?"와 같이 논리적으로 설명을 요구하는 질문 이전에 아이의 마음을 짐작하여 먼저 표현해 주는 것이 좋습니다. "봄의 싱그러움을 표현하고 싶어서 나뭇잎을 밝은 초록색으로 칠했구나!" 처럼 말이죠. 그러면 아이들은 몇 초간 곰곰이 생각하다가 고개를 끄덕입니다. 사실 별생각 없이 초록색으로 색칠한 것인데 선생님이 멋진 의미를 담아서 내 작품을 설명해 주니 기분이 좋기도 하고, 나도 몰랐던 의도를 깨달을 수도 있습니다.

이렇게 하려면 교사가 작품의 주인인 아이들의 생각을 읽어 주는 '도슨트'가 되어야 합니다. 아이의 결과물을 작품으로 대하고, 작가의 생각과 마음, 의도를 설명해 주면 아이는 자신의 결과물이 대단하고 가치 있는 것이라는 자긍심을 느낍니다. 이러

선생님의 하루 대화법

한 긍정적인 감정이 활동으로 이어져서 자신의 작품을 더 멋지게 완성하고 싶다는 내적 동기를 느끼게 되고, 이 과정이 반복되면 실력도 발전하게 됩니다. 무엇보다 그림을 그리는 과정 자체를 좋아하게 됩니다.

아이들이 교사에게 자신의 생각을 존중받고 있다는 신뢰가 쌓이면 내성적인 아이들조차 자신이 그린 그림이나 글쓰기 공책을 교사에게 들고 와서 자신의 생각, 즉 작가의 의도에 대해 편안하게 이야기하기 시작합니다. "선생님, 주말에 가족들과 놀이공원에 다녀와서 행복한 기분을 글로 표현해 봤어요!"라고요. 교사가 아이의 마음을 먼저 읽어 주기 시작하면 아이들은 자신이 보고 느끼고 경험한 것들을 자신만의 방식으로 자유롭게 표현하기 시작합니다. 또한 친구의 작품도 있는 그대로 인정하고 멋진 작품이라고 칭찬하게 됩니다.

이때 교사는 아이를 적극적으로 지지한다는 의미만 전달하면 됩니다. 아이의 대단한 생각에 놀라 커진 눈동자와 밝은 표정, 치켜올린 엄지와 "잘했어요!"라는 긍정적 신호는 아이의 내적 만족감과 행복감을 충족시킬 수 있습니다.

교사의 칭찬은 교육의 맥락과 상황에 따라 다양한 역할을 합니다. 때로는 학습 결과물에 대한 구체적인 피드백과 칭찬도 필요하지만, 아이와의 신뢰관계를 형성하는 과정에서는 따뜻한 격려와 긍정의 에너지를 전달하는 칭찬도 중요합니다.

아이와 신뢰관계를 만들어 갈 때, '교육적인 칭찬을 해야지!'라는 생각으로 망설이기보다는 아이의 노력을 인정하고 작은 변화에도 기쁘게, 자주 반응해 주는 것이 좋습니다.

작고 사소한 말이라도 교사의 교육관과 상황, 대상의 특성, 무엇보다 교사와 학생의 관계에 따라 교육적인 효과가 달라진다는 점을 기억해 주세요.

주의! 아이와의 관계가 깨질 때

아이의 배움과 성장을 이끌 때 가장 피해야 할 것 중 하나는 바로 **'비교하기'**입니다. 어른과 아이의 관계가 깨지는 순간 중 하나가 바로 비교할 때이기 때문입니다. 직접적으로 "○○이는 이렇게 하는데 △△이는 왜 이렇게 못 하나요?"라고 비교하는 경우는 드물지만, 교실이라는 특별한 환경에서는 의도치 않게 아이들이 서로 비교하는 상황이 발생할 수 있습니다. 교사가 하나라도 더 가르치려는 교육적인 노력이 오해를 낳을 수 있기 때문입니다.

선생님의 하루 대화법

가장 흔한 예로 미술 시간에 잘 그린 아이의 작품을 보여 주며 "○○는 이 부분을 잘 색칠했습니다. 여러분도 ○○처럼 색칠하도록 합니다."라고 안내하는 경우입니다. 글쓰기 수업을 할 때도 잘 쓴 아이의 공책을 보여 주며 "○○처럼 글씨를 반듯하게 써서 다시 가져 옵니다." 또는 "○○처럼 10줄 이상 써 옵니다."라고 말하는 경우도 있습니다. 교사는 아이들이 이해하기 쉽게 방법을 제시한 것일 뿐인데 아이들은 이를 자신이 못해서 잘한 친구와 비교당한다고 느낄 수 있습니다.

그렇다면 어떻게 해야 아이들이 서로를 통해 배울 수 있을까요? 특정 아이를 기준으로 "~처럼 해 오세요."라는 표현 대신 "검사가 끝난 아이들은 공책을 펴서 올려 둡니다. 그리고 아직 완성하지 못한 사람 중에서 친구의 작품을 참고하고 싶은 사람은 검사 끝난 친구들의 공책을 참고해서 아이디어를 얻을 수 있습니다."라고 지도하는 것입니다. 이렇게 하면 아이들은 비교당하는 기분 없이 친구들의 작품을 보며 방향을 잡을 수 있습니다.

비교와 감상은 다릅니다. 특정 아이를 기준으로 '누구처럼 해 오세요.'는 비교지만, 개별 작품에서 특징을 찾아 반 전체의 작품을 설명하는 것은 감상입니다. 미술 수업에서는 교사가 아이들의 작품을 하나하나 반 친구들에게 보여 주며 "바다를 표현할 때 파란색만 쓴 게 아니라 깊이에 따라 여러 색을 썼네요." 또는 "봄 동산을 표현하는데 봄의 색깔을 사용하고 가족들이 소풍을 와서 행복한 모습을 그렸네요. 그림 속 인물의 표정에서 봄의 설렘이 느껴지는 것 같네요."라고 설명합니다. 이렇게 진행하면 아이들은 작품 자체의 특징을 보고 들으며 배우게 됩니다. 서로의 작품을 감상하는 활동은 아이들의 학습 의욕을 고취시키고 집중력을 높여 주는 효과가 있습니다. 배움과 성장을 이끌 때 '감상'을 잊지 마세요!

비교가 빛을 발하는 유일한 순간은 다른 아이가 아닌 교사와 비교할 때입니다. 예를 들어 아이가 시를 써서 가져 왔습니다. 평소 글쓰기에 자신감이 없던 아이가 자신의 시를 들고 나왔다면, "와! 선생님은 이런 생각은 못 했을 것 같은데 우리 우주는 표현력이 정말 좋네요."라고 칭찬해 줍니다. "선생님보다 잘하네요.", "선생님은 이런 아이디어가 안 떠오르는데, 어떻게 이렇게 멋진 생각을 했어요?", "선생님은 생각도 못 했는데! 기발한 아이디어네요!"라는 말은 아이의 자존감에 긍정적인 영향을 줍니다. 자존감이 높아지면 학습에서도 자신감이 생기고, 무엇보다 표정이 밝아집니다.

선생님의 하루 대화법

학부모 대면 상담을 준비할 때

1학기 학부모 상담을 시작할 때 교사가 "아직 시간이 얼마 되지 않아서 아이에 대해 잘 알기는 어렵습니다. 그래서 오늘 상담은 부모님의 이야기를 듣는 시간으로 하겠습니다."라고 한다면 학부모 입장에서 어떤 생각이 들까요? '교사가 내 아이에 대해 관심이 없다.', '교사의 전문성이 부족하다.'라고 느낄 수 있겠죠. 그 결과 학부모와의 신뢰관계에 부정적인 영향을 줄 수 있습니다. 또한 교사가 아이의 성장 방향에 관해 목표를 공유하지 않는다면 상담이 단순한 정보 교환에만 그치고 의미 있는 교육적 협력을 이루기 어렵습니다. 따라서 학교와 가정이 존중과 협력의 신뢰관계를 만들기 위해 저는 다음 3단계 접근법으로 상담을 진행합니다.

먼저 상담 1단계에서는 아이에 대한 관심과 관찰한 내용을 전달합니다. 이것은 학부모에게 '선생님께서 내 아이를 세심하게 보고 있구나.'라는 신뢰감을 심어 줍니다. 2단계에서는 새 학년이 된 아이의 학교 적응을 돕기 위한 고민을 공유합니다. 예를 들어 친구 관계 형성을 위해 어떤 활동을 도입했는지와 같은 내용을 구체적으로 공유하며 교사의 노력과 전문성을 강조

선생님의 하루 대화법

합니다. 3단계에서는 아이의 성장 방향을 제시하고 동의를 구합니다. 학부모가 학교의 교육 활동을 존중하고 함께 협력하는 단계로 나아가는 것입니다. 이제 그 과정을 보다 자세히 살펴보겠습니다.

1학기 학부모 상담에서 교사는 2장의 중요한 카드를 가지고 있습니다. 바로 **'관찰의 카드'**와 **'성장의 카드'**입니다. 관찰의 카드는 아이에 대한 관심과 교사의 노력을 전달하는 역할을 합니다. 교사가 아이를 얼마나 세심하게 관찰하고 있는지 전하면 학부모는 교사를 더욱 신뢰하게 됩니다. 관찰은 곧 아이를 향한 관심이기 때문입니다. 성장의 카드는 아이가 앞으로 성장해야 할 부분을 전달하고 이를 위한 교육적 지원과 협력 방안을 계획하는 역할을 합니다.

1단계. 아이에 대한 관심과 사랑을 표현할 때

첫째, **관심을 바탕으로 관찰한 것을 전달하기**입니다. 교사가 가진 관찰의 카드를 적극 활용해서, '관심'을 바탕으로 관찰한 것을 전달하는 것을 뜻합니다.

1학기 학부모 상담은 교사와 학부모가 처음 일대일로 만나는 자리이기 때문에 서로 오해가 없도록 소통하는 것이 중요합니다. 만약 새 학년 초에 공감대를 형성하지 않고 아이에 대해 이해하는 과정이 없이 객관적인 사실만 전달하면 아이를 낙인찍는다고 오해가 생길 수 있습니다. 예를 들어 "준수는 자기 물건을 허락 없이 만지면 감정이 폭발해서 물건을 던지는 행동을 합니다."라고 사실만 전달하면 객관적인 사실을 전달한 건 맞지만, '우리 아이를 부정적으로 생각하고 있구나.'라고 받아들일 수 있습니다. 그렇다고 해서 아이가 겪는 어려움은 이야기하지 않고 칭찬만 계속하는 것도 학부모 상담의 목적과는 맞지 않습니다.

학부모와 처음 만나서 자녀가 겪는 어려움에 대해 말을 꺼내는 것이 쉽지 않을 수 있습니다. 그럴 때는 일반적인 상황을 먼저 말하고, 그 다음 아이의 어려움을 설명하는 방법으로 전달을 합니다.

예를 들어 내성적인 아이가 있습니다. 그 아이에 관해서 관찰한 내용을 전달할 때 "아이가 쉬는 시간에는 자리에 가만히 앉아서 책을 읽습니다."라고 하면 단지 관찰한 것을 객관적으로 전달하는 것에 불과합니다. 이렇게 전달하면 교사의 관심은 전혀 드러나지 않습니다.

이와 달리 "누구나 3월에는 긴장이 많이 되잖아요. (일반적인
상황 제시) 3월 첫 주에는 쉬는 시간에 혼자 앉아서 독서를 하는
경우가 많았어요. 수업 시간에 발표하할 때도 긴장을 많이 한
것 같더라고요. 아무래도 낯선 환경에서 적응하는 데는 시간이
필요하니까요."라고 관심을 담아 관찰한 것을 전달하는 거죠.

관심은 곧 이해입니다. 내 아이가 내성적이라서 새 학년 초
에 긴장하는 건 학부모도 이미 알고 있는 사실입니다. 그런데
교사가 아이가 겪고 있는 어려움을 설명할 때, 그 아이의 문제
가 아닌, '누구나 그럴 수 있다.'라는 관점에서 대화를 시작하면
교사와 학부모 간에 공감대가 형성됩니다.

또한 아이의 어려움을 "4학년이면 ~한 모습을 보일 수 있잖
아요.", "1학년 아이라면 ~할 수 있죠.", "사춘기가 오면 아이들
이 ~하더라고요."와 같이 일반적인 상황으로 전달하면 교사가
전하고자 하는 메시지를 오해 없이 잘 전달할 수 있습니다. 예
를 들어 아이가 사춘기를 겪고 있고 수업에 잘 집중하지 못한
다면 "아이들이 6학년이 되면 또래에게 인정받는 것이 정말 중
요해요. 그래서 친구가 하는 말 한마디에 기쁘기도 하고 속상하
기도 해요. 뭐든 친구와 같이하려고 하고, 친구 행동에 관심이

많아서 종종 수업 시간에 집중력을 빼앗기기도 하더라고요." 이렇게 전달할 수 있습니다.

★관심과 사랑의 말 예시

① "아이들이 가장 좋아하는 시간이 체육 시간이에요. 땀을 뻘뻘 흘리면서 얼마나 열심히 하는지 몰라요. (일반적인 상황 제시) 축구 시간이 되면 자기 팀이 이기고 싶은 마음에 승부욕이 생기기 마련이죠. 진혁이도 잘하고 싶은 마음에 때로는 친구들과 의견이 충돌해서 갈등을 빚기도 하고 목청껏 큰 소리를 낼 때도 있습니다. 내가 좋아하는 축구를 친구들과 함께 즐기기 위해서는 나의 생각을 어떻게 효과적으로 전달할 수 있는지, 대화 방법을 가르쳐 주고 있답니다."

② "저학년 아이들은 학교에서 무슨 일이 생기면 가장 먼저 선생님에게 이야기하는 경우가 많아요. (일반적인 상황 제시) 특히 친구의 잘못을 보았을 때 곧바로 선생님에게 알리거나 다툼이 생기면 스스로 해결하기보다는 "얘가 이거 안 해요!"라고 말하는 모습을 자주 보입니다. 이러한 행동을 개선하려면 스스로 문제를 해결하는 힘을 키우는 것이 중요합니다. 이를 위해 친구를 기다려 주는 연습, 그리고 자신의 감정을 직접 표현하는 연습이 필요합니다.
그래서 우리 반 아이들은 "그럴 수도 있지."라고 말하며 친구를 이해하는 연습을 하고 있고, "난 이런 게 불편해.", "지금은 그림 그리는 시간이야."와 같이 자신의 감정과 생각을 직접 표현하고, 지적

선생님의 하루 대화법

대신 친절하게 알려 주는 연습을 하고 있습니다. 서준이도 친구를 도와주는 행동을 실천하려고 노력하고 있답니다."

2단계. 상담에서 신뢰도를 높일 때

학부모 상담의 두 번째 단계에서는 아이를 향한 따뜻한 관심을 한 단계 더 발전시켜 아이의 다채로운 면을 공유하는 것이 중요합니다. 아이는 입체적인 모습을 가지고 있기 때문에 학교에서 보여 주는 한 가지 특성 외에도 다양한 면을 가정과 공유하는 것이 필요합니다. 예를 들어 처음에는 조용하고 내성적으로 보였던 아이가 체육 시간에 팀의 리더로서 친구들에게 배려를 아끼지 않는 모습을 발견했다면 이 점을 학부모에게 구체적으로 전하는 것입니다. 이렇게 하면 교사가 관심과 사랑을 바탕으로 아이를 깊이 이해하고 있음을 가정에 전달할 수 있습니다.

"도연이는 자리에 앉아 그림 그리기를 좋아하니까 처음에는 정적인 아이처럼 보일 수 있어요. 하지만 최근 체육 시간에 도연이의 또 다른 면을 발견했어요. 도연이가 적극적으로 참여하여 공을 던지지 못하는 친구들에게 다가가 함께 연습하고 도와주는 모습을 보였거든요. 그 모습이 정말 멋졌어요. 사실 체육 활동에서 팀원을 배려하며 함께 참여하는 것이 쉬운 일은 아닌데 자연스럽게 친구들을 배려하며 활동하는 모습에 감동받았답니다. 그래서 그날 체육 시간 후에 "도연이가 팀의 리더로서 정말 멋졌어요."라고 칭찬을 해 주었습니다."

"맞아요! 도연이는 조용한 면도 있지만, 사실 체육 활동을 굉장히 좋아하고 때로는 승부욕도 있는 편이에요. 집에서는 오빠와 축구도 자주 하며 놀아요."

"정말요? 나중에 축구 활동을 할 때 도연이가 정말 즐거워할 것 같아요. 제가 도연이의 반전 매력을 잘 발견했네요!"

이렇게 아이가 한 가지 특성에만 국한되지 않고 다양한 모습을 가지고 있다는 점을 가정에 전달하면 가정에서는 어떤 다양한 면을 보여 주는지 새롭게 이해할 수 있습니다. 교사의 신중한 관찰과 구체적인 피드백은 학부모에게 깊은 신뢰를 주며, 교사로서의 전문성을 더욱 강화하는 중요한 역할을 합니다. 이러한 상담 과정은 학교와 가정이 협력하여 아이의 성장을 더욱 잘 지원할 수 있도록 도와줍니다.

3단계. 아이의 비전을 제시할 때

세 번째 단계가 1학기 학부모 상담의 핵심입니다. 앞에서 아이의 학교생활을 설명했다면 이제는 앞으로 아이의 성장을 위한 계획을 공유하고 학교와 가정이 협력하는 관계로 나아가는 단계입니다. 저의 경우에는 교실 속 직업놀이 교육 방법을 적용하면서 학생별 성장 계획을 보다 구체적으로 설명할 수 있었습니다.

교사의 교육관과 교육 방식에 따라 아이의 성장 계획은 다를 수 있습니다. 선생님들은 아이에게 필요한 역량을 고민하며 교육 계획을 세우는데, 이를 학부모에게 전달하지 않으면 소통의 어려움이 발생할 수 있습니다. 예를 들어 교사는 아이의 자신감을 키우기 위해 노력하는데 가정에서는 아이의 수학 성적 향상을 더 중요하게 여긴다면 가정에서는 학교의 노력을 모를 수도 있습니다. 그래서 교사는 "올해 은우의 자신감을 키워 주기 위해 이렇게 지도하려고 합니다. 학부모님께서는 어떻게 생각하세요?"라고 구체적으로 설명하고 동의를 구합니다. 그럼 대부분의 학부모는 "그렇게 해 주시면 감사하죠."라며 적극적으로 동의하는 모습을 볼 수 있습니다. 이를 통해 학부모는 '우리 아이가 올해 학교에서 이런 부분을 집중적으로 배우는구나.'라고 이해하게 되고, 가정과 학교가 공동의 목표를 향해 협력할 수 있게 됩니다.

상담 마무리에서는 아이의 성장에 필요한 **시간**에 대해 이야기합니다.

"아이가 학교생활을 통해 배우고 성장하는 과정에서 때로는 넘어지고, 불편하고, 힘든 문제를 만나기도 할 것입니다. 시간이 필요하겠지만, 학교와 가정이 함께 협력한다면 시간이 지나면서 점차 자신감을 키우고 스스로 해결할 수 있는 능력도 하나씩 쌓여 더욱 씩씩하고 단단한 아이로 성장할 것입니다."

이처럼 상담을 통해 학교와 가정이 같은 방향을 바라보며 아이의 성장을 함께 돕는 것이 중요합니다.

아이를 미처 다 파악하지 못했을 때

선생님께서는 이미 아이들을 따뜻한 시선으로 관찰하고 성향과 특성에 따라 깊이 이해하고 계실 거예요. 다만 정보가 정리되지 않았을 뿐입니다. 상담을 앞두고 아이 한 명 한 명을 떠올리며 간단히 정리해 보면 보다 편안하고 의미 있는 상담을 만들 수 있습니다.

예를 들어 내성적인 아이들은 눈에 띄는 행동이 적어 상담에서 어떤 내용을 이야기해야 할지 고민될 수 있습니다. 쉬는 시간에 그림을 조용히 그리는 아이가 있다면 단순히 "아이가 그림 그리는 것을 좋아해요."라고 전달할 수도 있습니다. 하지만 이런 정보는 아이에게 특별한 관심이 없는 사람도 쉽게 알 수 있는 내용입니다. 학부모 상담에서는 교사가 아이를 깊이 관찰하고 이해하고 있다는 메시지를 전달하는 것이 중요합니다. 단순한 행동 묘사가 아니라 아이가 직접 표현하지 않더라도 교사만이 볼 수 있는 아이의 생각과 감정, 역량을 끌어내어 학부모에게 전달하는 방식이 필요합니다. 이렇게 해 보는 건 어떨까요?

예시 ①

"이번에 수채화 물감으로 그림 그리는 활동을 했는데, 예원이가 워낙 그림을 좋아하잖아요. 쉬는 시간에도 자주 그림을 그려요. 최근엔 색연필로 색을 표현하는 걸 특히 좋아하더라고요.

그래서 색연필과 수채화를 함께 사용해 나무를 표현하는 방법을 알려 줬더니 무척 몰입해서 작업했어요.

제가 보니 예원이는 색을 단색 위주로 사용하는 경향이 있더라고요. 그래서 색을 혼합해서 표현하는 방법을 함께 연습해 봤어요. 그랬더니 이제 자기가 원하는 색을 찾아낼 수 있다며 완성된 그림이 정말 마음에 든다고 집에 꼭 가져가겠다고 하더라고요. 엊그제 가져간 그림이 바로 그 작품이에요. 혹시 보셨나요?"

예시 ②

"선우는 자기 생각을 창의적으로 표현하는 걸 정말 좋아해요. 미술 시간에 봄을 주제로 그림을 그리는데 색을 굉장히 다양하게 활용하더라고요. 그러면서 "선생님! 여기에 이런 것 그려도 돼요?" 하고 자주 물어봤어요. 본인이 떠올린 아이디어를 확신하고 싶어 하는 모습이었어요. "선우가 생각한 방식이 정말 멋지네요!"라고 말해 줬더니 얼굴이 밝아지면서 뿌듯해하더라고요.

그림뿐만 아니라 글쓰기에서도 창의적인 표현이 돋보였어요. 동시 쓰기 활동을 할 때 선우의 눈빛이 반짝반짝 빛났어요. 얼마 전에는 글쓰기 시간에 '봄은 이불 같다.'라는 표현을 사용했

선생님의 하루 대화법

는데, 저는 이 표현이 정말 시적이라고 느꼈어요. 따뜻하고 포근한 봄의 느낌을 자기만의 언어로 멋지게 표현한 거죠.

선우가 글을 쓰거나 그림을 그릴 때 표정과 눈빛을 유심히 관찰해요. 선우는 말로 표현하기 전에 먼저 눈빛으로 반응을 보여 주거든요. 눈빛이 초롱초롱 빛나면서 몰입하는 순간이 바로 선우가 가장 행복하게 활동하는 때라는 걸 알 수 있어요.

저는 선우의 이런 창의적인 표현력을 더 키워 주고 싶어서 새로운 시도를 할 때마다 격려해 주고 있어요. 혹시 가정에서도 선우가 글쓰기나 그림을 그릴 때 즐거워하는 순간을 포착하신 적 있나요? 집에서의 모습을 나눠 주시면 선우가 더 즐겁게 표현할 수 있도록 도와줄 수 있을 것 같아요."

다툼이 잦은 아이의 학부모와 상담할 때

새 학년이 시작되면 다툼이 잦은 아이의 학부모와 상담할 일이 생깁니다. 이때 교사가 아이를 부정적으로 바라본다는 오해를 받을까 봐 조심스러워질 수 있습니다. 그러다 보면 상담에서 핵심적인 부분을 다루지 못하고 아이의 강점이나 단순한 칭찬 위주로 대화를 마무리하는 경우도 있습니다.

하지만 의미 있는 상담을 만들려면 아이의 행동을 표면적으로만 볼 것이 아니라 그 안에 숨겨진 내면의 욕구까지 전달해야 합니다. 아이들은 친구와 잘 어울리고 싶지만, 때로는 서툰 방식으로 표현합니다. 예를 들어 친구들과 함께하고 싶은 마음이 큰 나머지 지나치게 적극적으로 다가가 자신의 의견을 말하다가 오해를 사곤 합니다. 이런 행동을 단순한 문제 행동으로 규정하기보다는 '이 아이의 내면에 감춰진 욕구는 무엇일까?'를 고민하는 것이 교사의 역할입니다. 교사는 상담에서 그것을 해석해 학부모와 공유해야 합니다.

예를 들어 "지호가 체육 시간에 자주 다퉈요."라고 전달하는 대신 "지호가 친구들과 함께하는 걸 좋아해서 더 잘하고 싶어 하지만, 그 과정에서 더러 속상한 순간이 있었어요."라고 설명하면 학부모는 아이가 친구들과 관계를 맺으며 성장하는 과정에 있음을 이해하게 됩니다. 또한 아이가 느끼는 감정과 성장 가능성을 함께 언급하면 학부모도 아이의 변화를 기대할 수 있습니다. "지호는 친구들과 있을 때 가장 행복해 보이지만, 때로는 자신의 마음을 표현하는 방식이 잘 전달되지 않아 속상해하기도 해요. 저는 지호가 친구관계 속에서 더 성장할 수 있도록 도와주려고 합니다."라고 말하고 싶을 때는 아이를 어떻게 지도할 계획인지 구체적으로 공유하는 것이 중요합니다. 이를 "지호가 친구관계에서 긍정적인 경험을 쌓을 수 있도록 작은 배려의 순간들을 칭찬하고 격려하려고 합니다."라고 바꾸어 말하면 학부모도 교사의 지도 방향을 신뢰하고 학교와 협력할 수 있습니다.

마지막으로 가정에서도 아이에 대해 함께 고민하고 협력할 수 있도록 질문을 던지는 것이 상담을 보다 효과적으로 만듭니다.

"집에서도 친구관계에 대해 고민하는 순간이 있었나요?"
"지호가 친구들과의 놀이에 대해 어떤 이야기를 하나요?"

이렇게 하면 학부모는 '선생님께서 우리 아이를 정말 깊이 이해하려고 하시는구나.'라는 신뢰감을 갖고, 교사와 함께 아이의 성장을 도울 수 있는 방향으로 나아가게 됩니다. 상담의 구체적인 예시는 다음과 같습니다.

"3월에 처음 만났을 때 지호가 먼저 "선생님, 안녕하세요!"라고 환하게 인사하더라고요. 첫날이라 긴장됐을 텐데 먼저 다가와 씩씩하게 인사하는 모습이 참 인상 깊었어요. 지호는 사람에게 관심이 많고 친구들과 함께하는 걸 정말 좋아하는 아이 같아요. 아침에 오면 친구들에게 먼저 다가가 인사도 하고 함께 놀자고 말하는 모습이 자주 보여요. 지호에게는 '함께하는 기쁨'이 정말 큰 의미인 것 같아요."

"맞아요, 지호가 친구를 정말 좋아해요."

"그렇죠. 얼마 전 체육 활동 시간에 있었던 일인데요. 스포츠를 하다 보면 아이들이 각자 잘하고 싶은 마음이 크다 보니 작은 속상함이나 갈등이 생길 때가 있잖아요. 20명의 친구들이 한 공간에서 서로 배려하면서 활동한다는 게 사실 쉬운 일이 아니에요. 지호도 친구들이 좋아서 함께 게임하고 싶은 마음이 컸는데 게임 중에 의도치 않게 다툼이 생기니까 속상해하는 모습을 보였어요. 제가 옆에서 지켜보니 지호는 단순히 게임을 이기고 싶은 게 아니라, 친구들과 함께하는 과정 자체를 즐기고 싶은 거였어요. 하지만 또래 친구들은 지호의 마음을 다 알아차리지 못하는 경우도 있어요.

그래서 지호가 친구들과 더 원활하게 소통하고, 자신의 진심을 더 잘 전달할 수 있도록 돕고 싶어요. 특히 지호는 자신의 노력을 인정받을 때 더 크게 성장하는 아이예요. 그래서 학교에서는 지호가 평소에 보여 주는 작은 배려나 노력을 세심하게 살펴보면서 사소한 행동이라도 긍정적인 피드백을 주려고 해요.

예를 들어 지난번에는 게임에서 친구들이 먼저 공격을 하도록 기다려 주는 모습이 참 인상적이어서 그 배려심을 지호가 더 자랑스럽게 여길 수 있도록 칭찬해 주었답니다. 가정에서는 어떤가요? 지호가 친구들과 관계를 맺을 때 어려움을 느끼는 순간이 있었을까요? 또는 지호가 집에서 친구들 이야기를 할 때 자주 하는 말이 있을까요? 함께 고민해 보면 지호가 더 즐겁고 건강한 관계를 형성할 수 있도록 도울 수 있을 것 같아요."

자기감정 조절이 어려운 아이의 학부모와 상담할 때

자기 뜻대로 되지 않으면 쉽게 좌절하고 분노를 표출하는 아이의 학부모와 상담할 때 아이가 한 행동에 집중해 객관적인 사실만 전달하면 학교와 가정이 협력적인 관계를 통해 아이의 성장을 이끄는 것이 어려울 수 있습니다. 단체 생활을 하는 학교가 아닌, 가정에서는 자기 할 일을 잘 해내는 책임감이 강한 아이일 수 있거든요.

그렇기에 학부모 입장에서는 오히려 이것을 학교의 문제로 오해할 수도 있습니다. 왜냐하면 이 아이는 목표를 세워서 성취할 수 있는 여유 있는 상황, 개인 중심의 활동에서는 어려움을 겪지 않거든요. 하지만 학교 수업과 같이 시간의 제약이 있고 다양한 친구들과 더불어 지내야 하는 상황에 놓였을 때 자기 계획대로 되지 않으면 자기감정과 행동 조절의 어려움을 드러낼 수 있습니다.

아이가 앞으로 더불어 살아가는 힘을 키우기 위해서는 사회적 기술을 배우는 것이 매우 중요합니다. 그리고 그것을 배울 수 있는 곳이 바로 학교입니다. 아이가 더 큰 사람으로 성장하는 것을 돕고 싶다면 학교 안에서 자기감정과 행동을 조절하는 힘을 키우는 것이 중요함을 꼭 말씀드려야 합니다. 또, 학부모에게 아이가 앞으로 사회에 나갔을 때 여러 사람과 협력하고, 리더십을 바탕으로 더 크게 성장하기를 바라시는지 묻습니다. 그리고 아이가 부모님의 기대보다 더 멋진 사람으로 성장하기 위해서 꼭 필요한 것이 더불어 지내는 힘, 사회적 기술임을 말씀드립니다.

선생님의 하루 대화법

★자주 물어보는 질문

질문 ① 아이가 책을 안 읽는데 어떻게 해야 할까요?

학교에서 도서관 수업이나 독서 교육을 꾸준히 하고 있지만, 아이가 책을 읽는 습관을 들이려면 먼저 책을 좋아하는 마음이 생겨야 합니다. 그 첫걸음으로 아이의 취향에 맞는 책을 함께 고르는 것이 중요합니다. 서점에 가서 아이가 스스로 좋아하는 책을 고를 수 있도록 도와주세요.

교육적인 도서나 추천 도서보다는 아이가 관심을 가질 만한 책을 자유롭게 선택하게 해 주는 것이 좋습니다. 책을 읽고 난 뒤에는 그 내용에 대해 함께 이야기 나누며 아이의 생각을 들어주는 시간을 가져 보세요. 이런 대화는 아이가 책에 대해 더 많은 관심을 갖도록 만들고, 자연스럽게 독서 습관을 기를 기회가 될 것입니다. 중요한 점은 책을 읽도록 강요하기보다는 아이가 책을 즐길 수 있는 환경을 만들어 주는 것입니다.

질문 ② 수학 실력이 부족해서 걱정돼요.

수학을 잘하고 싶은 마음은 있지만 실력이 부족한 경우에는 먼저 어려워하는 부분을 파악하는 것이 중요해요. 예를 들어 연산 문제는 잘 풀지만 문장 문제나 응용 문제에서 어려움을 겪는다면 이해력과 사고력 훈련이 필요합니다. 이때, 언어 능력도 중요한 역할을 하기 때문에 수학을 잘하기 위해 언어 능력의 향상도 함께 고려해야 합니다.

만약 수학 공부 자체에 흥미가 없다면 아이가 잘할 수 있는 쉬운 문제부터 시작해 보세요. 문제를 반복해서 풀면서 성취감을 느끼고 자신감을 쌓는 것이 중요합니다. 수학은 기초가 튼튼해야 다른 개념도 자연스럽게 따라올 수 있기 때문에 아이가 어려워하는 부분을 다시 점검하고 기초를 확실하게 다져야 합니다.

또한 수학은 반복 학습이 중요한 과목이므로 매일 조금씩이라도 꾸준히 학습할 수 있도록 시간을 정해 연습할 수 있는 환경을 만들어 주세요. 수학을 재미있게 느낄 수 있도록 놀이와 결합하는 것도 효과적일 수 있습니다. 중요한 점은 아이가 수학을 두려워하지 않고 작은 성공을 경험하면서 자신감을 얻는 것입니다.

2학기 학부모 상담을 운영할 때

2학기 학부모 상담은 아이의 성장과 학교에서의 노력, 그리고 가정에서 아이의 변화에 대해 나누는 중요한 시간입니다. 그러기 위해서는 다음 3가지를 고려합니다.

첫째로, 아이의 성장과 변화를 공유합니다. 1학기 상담에서 다뤘던 아이의 성장에 관한 목표를 되돌아보고, 학교에서 어떤 교육적 지도를 했는지 구체적인 사례를 공유합니다. 예를 들어 "1학기 상담에서 아이의 자신감을 키우고 싶다고 말씀드렸었는데요."와 같이 1학기 목표를 언급하며 구체적인 활동을 설명합니다.

"제가 1학기 학부모 상담에서 아이의 자신감을 키워 주고 싶다는 말씀을 드렸는데요. 3월에는 긴장을 많이 하고 수줍음이 많은 모습이 보였습니다. 그래서 먼저 불안을 낮추고 안정감을 찾도록 돕기 위해 친구와 함께 교실에 있는 식물에 물 주기 활동부터 시작하도록 했습니다.

학교에 적응한 후에는 학급 활동에 참여할 기회를 열어 주었고, 2학기에는 학급 파티를 준비할 때 팀장으로 참여하면서 리더십을 키울 수 있도록 했습니다. 그때 자신감이 많이 생겼는지 그 이후로는 더욱 적극적으로 학급 활동과 수업에 참여하는 모습을 보였습니다. 이제는 수업 시간에 손을 번쩍 들고 씩씩하게 발표도 잘한답니다."

둘째로는 가정에서의 변화에 관해 공유합니다. 교사가 아이의 학교생활과 성장을 이야기한 후, 학부모에게 가정에서 아이의 성장한 모습이 있었는지 물어보며 경험을 나눕니다. "가정에서 느낀 아이의 변화는 어떠한가요?"라고 여쭤보는 것입니다. 그러면 학부모님도 "집에서 이런 변화가 있었다."라고 구체적으로 말씀해 주십니다.

셋째로 아이의 성장을 함께 응원하고 지지하는 시간으로 마무리합니다. 상담의 마지막에는 아이의 긍정적인 변화를 강조하며 가정과 학교가 협력하여 아이의 성장을 계속 지원할 수 있도록 독려합니다. "아이의 변화가 이렇게 크다는 것을 함께 느낄 수 있어 좋은 시간이었습니다. 앞으로 남은 시간 동안 학교와 가정이 힘을 합쳐 아이의 성장을 도울 수 있으면 좋겠습니다."라는 메시지로 상담을 마무리합니다.

이렇게 2학기 상담을 진행하면 학부모도 아이의 성장에 대해 구체적으로 알게 되고, 학교와 가정이 협력하여 아이의 발달을 지속적으로 지원하는 방향으로 나아갈 수 있습니다. 학부모 상담이 단순한 정보 전달이 아니라 아이의 성장을 함께 지지하고 응원하는 시간이 되는 것이 중요합니다.

모두가 빛나는 교실을 꿈꾸며

"주말에도 학교에 오고 싶다. 일요일이 되면 학교에 가고 싶어 마음이 설렌다. 나는 평일이 주말보다 훨씬 좋다!"

이 말은 한때 학교에 적응하지 못해 불안감이 컸던 아이가 쓴 글입니다. 시간이 흘러 아이가 움츠러든 마음을 열고 "선생님! 저는 학교를 정말 사랑해요!"라고 말했을 때, 반짝이던 눈망울과 발그레한 볼이 얼마나 사랑스러웠던지 지금도 잊을 수가 없습니다.

교사로서 첫발을 내디딜 때, 가슴 속에 품었던 첫 마음을 기억하시나요? 아이들의 웃음을 찾아 주고 싶은 마음, 아이다움을 반짝반짝 빛나게 해 주고 싶은 마음, 약한 아이를 도와주고 싶은 마음, 아이들에게 꿈과 용기를 심어 주고 싶은 마음……. 하지만 매년 한 해를 마무리할 때면 여전히 마음 한편에 남는 아이들이 있고, '조금 더 잘해 줄 수 있었을 텐데.' 하는 아쉬움과 미안함이 느껴질 때도 있습니다. 그러나 그 아쉬움은 결코 교사의 노력이나 사랑이 부족해서가 아니라 필요한 것을 채워 주지 못했기 때문일지도 모릅니다. 식물이 자라는 데 햇빛, 물, 공기, 흙 등이 필요하듯, 아이들이 저마다의 속도로 자라기 위해서는 교사의 사랑뿐 아니라 친구들의 따뜻한 시선과 응원도 필요합니다.

저는 교실 안에서 또래 간의 지지와 격려를 이끌어 내는 일이 결코 어렵지 않다는 것을 깨달았습니다. 교사가 아이 한 명 한 명과 튼튼한 신뢰의 밧줄 같은 관계를 맺으면 또래관계에서도 지지와 격려를 이끌 힘을 갖게 됩니다. 그 신뢰의 밧줄을 만드는 한 가닥의 실이 바로 오늘 하루 아이들에게 건네는 교사의 따뜻한 말 한마디입니다.

교사로서 중요한 일은 아이들이 서로를 믿고 응원하는 관계 속에서 자신감을 얻어 스스로 성장하는 힘을 키우도록 돕는 것입니다. 이 책이 아이들을 변화시키고 즐거운 교실을 만들어 가는 데 작은 도움이 되기를 바랍니다. 아이들이 자라는 모든 순간 속에 선생님의 따뜻한 마음과 정성이 담겨 있음을 잊지 마세요. 선생님의 사랑이 아이들에게 닿으면 분명 큰 용기와 힘이 될 것입니다. 선생님도, 아이들도 오고 싶은 행복한 학교, 모두가 빛나는 따뜻한 교실이 되기를 응원합니다!

매일 따듯하고 지혜롭게
아이들과 관계 맺고 싶은 교사를 위한 안내서

선생님의 하루 대화법

초판 1쇄 발행 2025년 03월 27일

지은이 이수진
펴낸이 민혜영
펴낸곳 카시오페아
주소 서울시 마포구 월드컵로 14길 56, 3~5층
전화 02-303-5580 | **팩스** 02-2179-8768
홈페이지 www.cassiopeiabook.com | **전자우편** editor@cassiopeiabook.com
출판등록 2012년 12월 27일 제2014-000277호

ⓒ이수진, 2025
ISBN 979-11-6827-281-1 (03370)

- 잘못된 책은 구입하신 곳에서 바꿔드립니다.
- 책값은 뒤표지에 있습니다.